4차 산업혁명 시대

내
자리는
안전한가

4차 산업혁명 시대

내
자리는
안전한가

지은이   김혜양 유재경 이은숙 백라미
         권용주 문선경 정은주 이주연

이 책의 교열은 김신, 교정은 양은희, 출력과 인쇄는 꽃피는청춘의 임
형준, 제본은 은정문화사의 양현식, 종이 공급은 대현지류의 이병로
가 진행해주셨습니다. 이 책의 성공적인 발행을 위해 애써주신 다른
모든 분들께도 감사드립니다. 티움출판의 발행인은 장인형입니다.

초판 1쇄 인쇄 2018년 6월 12일
초판 1쇄 발행 2018년 6월 19일

펴낸 곳   티움출판
출판등록   제313-2010-141호
주소   서울특별시 마포구 월드컵북로4길 77, 353
전화   02-6409-9585
팩스   0505-508-0248
홈페이지   www.tiumbooks.com

ISBN 978-89-98171-53-7 03320

4차 산업혁명 시대

내
자리는
안전한가

불안한 미래 일자리 갈아타기 전략

김혜양 유재경 이은숙 백라미 권용주 문선경 정은주 이주연 지음

틔움

숲 속에서 바른 길을 찾자

인류 역사가와 사회학자들은 최근 정보통신기술이 몰고 온 4차 산업혁명을 세기적 쓰나미(tsunami)로 묘사한다. 그 거대한 해일의 중심엔 디지털 혁명이 존재한다. 디지털 문명의 혁신에서 더 나아가 인간 생활의 모든 영역에서 구현되는 디지털. 한 가지 기술의 변화가 열 가지 기술의 변화를 낳고 그 열 가지 기술의 변화가 수백수천 가지 기술로 폭풍처럼 번져가서 디지털 세상이 펼쳐지는 시대다. 이 시대를 우린 4차 산업혁명의 시대라고 부르는데, 미래 예측이 불가능한 초불확실성의 시대라고도 한다.

이 시대에서 어떻게 살아남을 것인가. 진화론의 창시자 찰스 다윈은 현재 지구상에 살아남은 생물은 강한 종(種)이 아니라 끊임없는 환경의 변화에 대응하여 스스로 진화에 성공한 종이라고 하였다. 하지만 이 시대는 너무나 빠르게 급변하고 있다. 산업 간의 경계가 모호해지고 하루가 멀다 하고 신기술과 신산업이 탄생하는 시대다. 전통적인 산업과 기업군은 물론 시대가 요구하는 인재의 모습도 급변하고 있다. 도처에서 생존의 여유를 가질 만한 상황이 아니다. 디지털의 일반화는 점점 더 가속화되어 사람들의 라이프스타일뿐만 아니라 산업생태계와 직업을 바꾸고 있다. 100세 시대를 맞아 인간 수명을 연장하는 생명공학이 발달함에도 불구하고 산업 현장과 모든 직종에서 직장인으로서 생존할 수 있는 시간은 점점 줄어들고 있다.

맥킨지글로벌연구소는 〈일자리 전망 보고서 2017〉에서 '2030년이 되면 약 8억 명의 일자리가 사라질 것이며, 상상할 수 없을 만큼 새로운 직업이 생겨날 것'이라고 예측했다. 앞으로 시대의 변화에 적응하지 못한 사람은 일자리를 잃게 될지도 모른다. 그러나 어느 정도라도 변화를 예측하고 잘 대비할 수 있다면 이는 분명 새로운 도약의 기회다.

특정 산업에 종사하고 있다거나 앞으로 더 나은 직장을 찾아 이직을 고려하고 있다면, 또는 사회 초년생으로서 취업을 준비하고 있다면 현재 진행되고 있는 4차 산업혁명의 물결을 주시해야 한다. 우린 인류사의 격동기 한가운데 서 있기 때문이다. 생성과 소멸을 반복하는 기업 환경 속에서, 수없이 사라지고 생겨나는 수천수만 가지의 직업 세계에서, 현실을 직시하며 새로운 변화에 대응하고 그 안에서 자기 인생의 주인공이 되고자 하는 태도가 필요한 시기이기 때문이다.

유니코써치는 1992년 국내 최초로 인재 추천 서비스 제공을 전문으로 하는 회사로 설립된 이래 26년 넘게 국내외 주요 기업에 인재를 추천해 왔다. 인재를 발굴하고 그들을 필요로 하는 기업과 연결하면서 기업과 인재의 고유한 가치를 동시에 빛나게 하는 데 주력해 왔다. 격동하는 이 시대에도 우리는 우리가 추구해야 할 사명이 무엇인지 분명히 알고 있다. 그간의 경험과 통찰을 바탕으로 이제 새로운 시대의 기업과 인재들에게 도움을 주고자 한다.

이 책을 통해 기업은 어떤 인재를 원하고 있는지, 그 이유는 무엇인지, 내가 바로 그런 인재가 되기 위해서는 어떤 노력이 필요한지를 제대로 알았으면 한다.

숲 속에서 바른 길을 찾아 가길 진심으로 바란다.

2018년 6월

(주)유니코써치 회장 한상신

CONTENTS

1부 4차 산업혁명 시대 인재의 조건

2부 4차 산업혁명 시대 이직의 전략 ❯❯

3부 4차 산업혁명 시대 이직의 기술 >>>

이 시대 직장인에게 꼭 필요한 나침반

대한민국 직장인은 불안하다. 평생직장은 없고 '평생직업'을 찾아야 한다. 인간만이 아니라 인공지능과도 경쟁해야 하는 시대. 로봇이 인간의 일자리를 빼앗아 수백만 개의 직업이 사라질 것이란 암울한 전망이 속출하는 시대다. 빅데이터, 블록체인, 가상화폐, 인공지능, 사물인터넷과 같은 용어는 이제 더 이상 생소하지 않다. 4차 산업혁명의 광풍이 부는 시대, 인류는 이렇게 빠른 변화의 소용돌이로 내몰린 적이 없다. 이런 상황에서 우리 기업과 직장인은 무엇을 어떻게 해야 할까.

급변하는 시대에 맞게 기업이 요구하는 인재상은 변화하고 있다. 이직과 취업에 대한 직장인들의 고민은 만만치 않다. 이 책의 기획은 바로 이런 고민에서 시작되었다. 숨은 인재들이 자유롭게 사신의 능력을 펼칠 수 있도록 4차 산업혁명 시대에 맞는 이직과 취업의 시대적 나침반을 제공하고 싶었다.

매일 회사에 출퇴근하는 직장인들이 4차 산업혁명 시대에 필요한 새로운 인재상을 체현한다는 것은 쉬운 일이 아니다. 먼저 막연한 두려움이 앞선다. 그래서 이 책은 기업들이 어떤 인재를 왜 원하고 있는지, 어떤 분야의 일자리가 늘어나고 있는지, 기업이 탐내는 인재가 되기 위해서는 지금 당장 무엇을 어떻게 준비해야 하는지를 구체적으로 다룬다.

1부는 4차 산업혁명과 인재의 조건을 다루었다. 4차 산업혁명 시대의 일자리는 어떻게 변화하고 있는지, 기업은 어떤 인재를 원하고 있는지를 독자의 관점에서 보다 현실적으로 이해할 수 있도록 하였다.

2부에서는 4차 산업혁명과 채용 트렌드를 자세히 살피고 분석했다. 제조업, 정보통신기술업, 물류업, 금융업, 소비재업에서 최근 부각되고 있는 인재의 포지션과 핵심역량, 그리고 채용 및 이직 사례를 구체적으로 다뤘다.

3부에서는 직장인들이 스스로 준비할 수 있도록 이직과 취업의 기술을 알기 쉽게 정리했다. 이직을 위해 어떤 준비를 해야 하는지, 지원하는 회사의 정보는 어떻게 수집해야 하는지, 헤드헌팅회사는 어떻게 선택해야 하는지, 이력서 작성과 면접에 필요한 기술은 무엇인지, 평판조회와 연봉협상엔 어떻게 대처할지를 심층적으로 정리했다.

한마디로 말해 이 책은 4차 산업혁명 시대를 사는 직장인의 생존 필독서이자, 이직의 노하우를 총 정리한 종합 가이드다. 스스로 연봉을 높이고 싶어 하는 모든 직장인을 위한 신생존 키트이자 새로운 시대에 맞는 경력계발의 바이블이라 자부한다.

이 책이 나오기까지 많은 분들의 도움이 있었다. 유니코써치의 한상신 회장님은 우리 고유의 가치가 제대로 빛날 수 있도록 '이직의 기술' 칼럼을 제안해 주셨다. 이은숙, 백라미, 권용주, 문선경, 정은주, 이주연 컨설턴트는 현업으로 바쁜 와중에도 각 산업 분야에 특화된 원고를 열정적으로 써 주었다. 경영지원팀 정예원 차장은 원고를 취합하고 정리하는 데 큰 역할을 해주었고, 정홍선 상무는 틔움출판 장인형 대표님과의 인연을 만들어 주었다. 저자들의 가능성을 믿고 완성도 높은 책이 나올 수 있도록 많은 조력과 조언을 해주신 모든 분들께 감사드린다.

일을 하면서 책을 쓰는 일은 결코 쉬운 일이 아니었다. 하지만 이 책이 대한민국 직장인들에게 큰 도움이 되리라는 희망이 있었기에 잘 견디어 왔다. 헤드헌터로서, 이 시대의 숨은 인재들을 위해 꼭 해야 할 일을 한다는 사명감도 한몫했다. 저자들의 진심이 독자에게도 고스란히 전해지길 바란다.

대표 저자 김혜양, 유재경

1

4차 산업혁명 시대

인재의
조건

4차 산업혁명 시대와 일자리

필자는 지난 2000년 유니코써치에 입사해 18년 동안 헤드헌터로서 국내외 기업은 물론 글로벌 인재들과 함께 일해 왔다. 또한 일반 중소기업의 임원과 중간관리자들과도 폭넓게 교류해 오며 다종다양한 직장인들을 만났다. 그런데 인터뷰를 할 때마다 늘 아쉬운 점 하나가 있었다. 대부분의 직장인이 자신의 직무 능력보다는 학벌과 스펙을 최고 경쟁력으로 여긴다는 점이다. 그걸 기준으로 직장의 브랜드, 연봉, 기타 조건을 고려하는 식이다. 그러나 이젠 이런 식의 경력계발 방식도 변해야 한다. 그러기 위해서는 어떻게 해야 할까.

먼저 새로운 시대를 보는 눈을 길러야 한다.

세상이 변하고 있다

최근 가장 뜨거운 이슈로 떠오르는 것 중 하나가 '4차 산업혁명과 인간의 일자리 감소'다. 세계경제포럼은 지난 2016년 1월 〈제4차 산업혁명에 따른 미래 일자리 변화 전망〉이란 보고서를 통해 '초등학교에 입학하는 아이들의 65%가 이전에 존재하지 않았던 새로운 직종에서 일하게 될 것'이라고 발표했다.

보고서는 '2020년까지 총 710만 개의 일자리가 사라지고 200만 개의 일자리가 새롭게 창출'되어, 결국엔 지금의 일자리 '510만여 개가 인류 역사에서 종적을 감출 것'이라고 했다. 인공지능, 로봇공학 등의 발전이 4차 산업혁명을 주도하여 앞으로 10여 년 후면 과거로부터 이어져 오던 전통적인 직업군이 사라지고 새로운 일자리들이 생겨난다는 것이다.

우리는 이 변화를 일상에서 체험하고 있다. 서점에 가면 4차 산업혁명에 관한 책이 즐비하다. 기업은 4차 산업혁명 시대를 대비한 각종 전략을 수립하고 공장 시스템을 변경하는 데 정신이 없고, 기업 관련 교육시장에서도 교육용 커리큘럼을 만들기에 바쁠 지경이다. 심지어 일선 초등학교 현장에서는 4차 산업혁명 시대에 필요한 인재를 키워야 한다며 코딩 교육을 강화하자는 목소리가 터져 나오기 시작했다. 고등학교에서는 융합형 인재 양성을 위해 문·이과 통합 과정 운영을 논의하고 있다.

4차 산업혁명이란 용어가 처음 등장한 건 2016년 세계경제포럼에서였다. 앞서 언급한 보고서에 의하면, 4차 산업혁명이란 'IT와 전자기술 등 디지털 혁명(3차 산업혁명)에 기반하여, 물리적 공간, 디지털 공간 및 생물공학적 공간의 경계가 희석되는 기술 융합의 시대를 의미'한다. 보다 쉽게 이해해 보면 우리의 삶을 둘러싼 온라인과 오프라인, 디지털 공간과 물리적 공간, 가상 세계와 현실 세계가 디지털로 통합되고 융합되어 지금까지와는 다른 세상이 펼쳐진다는 것이다.

4차 산업혁명은 인류 역사의 산물이다. 1차 산업혁명은 증기기관과 기계화로 대표되었다. 2차 산업혁명은 분업화를 기본으로 전기 사용을 통한 대량생산의 본격화를 의미했다. 3차 산업혁명은 정보통신기술, 전자기술 및 인터넷이 이끈 디지털 혁명을 말한다.

4차 산업혁명은 디지털 혁명이 인류의 모든 산업과 일상에 퍼져 새로운 세상을 탄생시키는 것이다. 그 주요 기술은 인공지능(AI, Artificial Intelligence), 로봇공학, 사물인터넷(IoT), 빅데이터(Big Data), 모바일(Mobile), 블록체인(Block chain), 자율주행 자동차 등의 소프트웨어와 데이터 기반의 온라인 정보통신기술(ICT, Information Communication Technology)이다. 이러한 기술들이 오프라인 산업 현장은 물론 우리의 일상에 적용되면서 경제와 사회 전반의 융합이 구현되고 있다.

글로벌 경제의 축도 이미 변화하고 있다. 3차 산업에 기반한 제조업 중심의 일류 기업들이 급속도로 몰락하고 그 자리에 구글, 애플, 아마존, 페이스북, 테슬라, 우버 등이 이름을 올리기 시작한 지 오래다. 4차 산업혁명을 선도하는 기업이 세계 주식 시장을 주도하며 성장하고 있다.

지금 기업은 변화된 인재를 원한다. 4차 산업혁명 시대에는 인재를 둘러싼 헤드헌팅 경쟁도 치열해질 전망이다. 4차 산업혁명을 주도하는 인공지능과 로봇공학, 생명공학, 3D 프린팅 분야는 물론 앞으로 더 구체적인 직군과 직종의 출현에 대비해야 한다. 현재 직장을 다니고 있는 독자라면 지금 자신에게 질문해 보자. 인공지능과 로봇공학이 만들어 내는 자동화 시스템이 나의 일자리를 빼앗아 가지는 않을까? 나는 이런 생각에서 얼마나 자유로울 수 있는가?

이런 현실을 반영하기라도 하듯, 최근에는 기업과 별도로 직장인들에게서 이력서 검토 요청과 커리어 컨설팅 요청이 쇄도하고 있다. 기업도 새로운 직종의 인재를 찾아 나서고 있다. 최근 급증하는 인재 요청 분야는 빅데이터, 사물인터넷, 인공지능 분야다. 4차 산업혁명 시대에 필요한 인재들은 턱없이 부족한 실정이기 때문이다. 기업이 원하는 인재 수요를 공급이 따라가지 못하는 상황이 벌어지고 있다.

이제 명문대 졸업장과 사양산업 분야의 경력은 더 이상 성공을 보장하지 않는다. 새로운 시대에는 새로운 눈이 필요하다. 취업과 이직을 고민할 때 그간 고려했던 것들, 더 높은 연봉과 더 나은 복지 요건들은 이제 '어떤 직업군에서 어떤 일을 할 것인가?'라는 새로운 과제와 맞닥뜨리게 되었다. 지금 직장을 다니고 있다면, 현실에 안주하지 않는 미래의 성공 가능성에 무게를 둘 필요가 있다. 탄탄한 실무 경험을 쌓는 것은 기본이다. 그러나 앞으로 '어떤 존재'로서 어떤 역량을 키워 나갈 것인가를 현실적으로 준비할 수 있어야 한다.

새로운 직업군의 출현

새로운 시대에는 새로운 일자리가 생겨난다. 4차 산업혁명 시대에 생긴 새로운 일자리에는 과거와 전혀 다른 역량의 인재가 필요하다. 최근 인재 시장에서는 빅데이터, 사물인터넷, 인공지능, 사이버해킹 보안, 모바일앱 등 디지털 기술 전문가와 스템(STEM: 과학 Science, 기술Technology, 공학Engineering, 수학Mathematics) 전문가의 수요가 폭발하고 있다. 글로벌 인재들이 모이는 잡포털 인디드(Indeed), 몬스터닷컴(Monster.com), 링크드인(Linked-in)에는 4차 산업혁명 관련 직종의 구인 공고가 수천 건 이상 올라와 있다.

국내에서도 최근 4차 산업혁명과 관련된 직종의 인재를 찾는 활동이 활발해지고 있다. 필자가 일하고 있는 회사만 보더라도, 수요가 크게 증가하고 있는 직종은 재무분석가(Financial Analyst), 인공지능 엔지니어(AI Engineer), 모바일앱 개발자, 플랫폼 개발자, UX(User Experience) 및 UI(User Interface) 전문가, 이커머스, 디지털 전문가, 클라우드 전문가 등이다.

특히 빅데이터와 사물인터넷, 인공지능 분야의 기술 발전을 주도하는 데이터 사이언티스트(Data Scientist)에 대한 수요는 폭발적으로 늘고 있다. 그런데 아쉽게도 이 분야에서 지식과 경험이 풍부한 인재를 찾기란 쉽지 않다. 앞으로는 이 분야의 전문성에 따라 직업 경쟁력이 좌우될 것이고, 이 분야의 인재를 잡기 위한 기업들의 파격적인 노력은 계속될 것이다.

또한 O2O(online to offline) 플랫폼 비즈니스 관련 직종도 지속적으로 인기를 끌 것으로 예상된다. 오프라인에 온라인 기술을 접목하면서 벌어지는 일상의 혁신은 디지털 혁명을 기반으로 하는 4차 산업혁명 시대의 경계 허물기가 무엇인지를 잘 보여 주고 있다. 온라인 기술을 오프라인 택시에 접목한 우버와 카카오택시, 가정집은 물론 호텔과 모텔에 접목한 에어비앤비 서비스, 음식 배달에 접목해 탄생한 배달의민족과 요기요 서비스 등은 이미 우리 생활 깊숙이 자리하고 있다.

O2O 분야는 온라인과 오프라인 산업을 모두 이해하는 개발자,

서비스 기획자, 서비스 운영 인력에 대한 수요가 높다. 최근에는 중국계 O2O 기업들도 한국 진출을 도모하면서 2~3명의 스타트업 인력에 대한 스카우트 사례도 꾸준히 늘어나고 있다.

인재 수요가 폭발하는 융복합 분야

4차 산업혁명은 지금까지 인류가 개발한 모든 기술의 융합(convergence)을 기본으로 한다. 스마트폰처럼 하나의 기기에 모든 정보통신기술이 융합되어 통화 기능뿐 아니라 디지털 카메라, MP3, 방송, 금융 서비스까지 갖춘 디지털 컨버전스를 우린 이미 일상생활에서 경험하고 있다. 과거 스티브 잡스가 자동차 기업의 CEO를 만나 서로 다른 산업 간 융합을 추진한 사례에서 볼 수 있듯, 지금은 이종산업 간 융복합 기술에 대한 인재 수요가 급속히 증가하고 있다.

외국은 물론 국내에서도 융복합 분야의 인재 수요가 크다. 특징이 있다면 기술 기반 산업뿐 아니라 금융, 제조, 도소매, 소비재, 물류와 같은 전통 산업에서도 수학, 컴퓨터, IT 등 전문성을 갖춘 인재 수요가 폭발적으로 증가하고 있다는 점이다. 예전에는 산업 분류에 따라 원하는 인재의 전문성과 역량이 뚜렷이 구분되었다면 지금은 그 구분이 점점 희미해지고 있는 게 특징이다. 직업과 직업의 경계가 융복합 시대를 맞아 희석되고 있다.

정보와 서비스의 융복합에 창의성을 결합한 디지털 마케팅 전문가는 최근 가장 각광받는 인재 중 하나다. 소비자가 온라인을 통해 상품 정보를 찾고 인터넷 결제로 물품을 구매하면서 사용자 경험이 축적됨에 따라 지금은 엄청난 양의 데이터가 양산되고 있다.

디지털 마케팅 전문가는 이런 고객의 행동 데이터를 분석해 통찰을 얻고 이를 마케팅 활동에 적극 활용한다. 최근 기업들은 이렇게 빅데이터를 기반으로 디지털 마케팅을 구현할 수 있는 창의적 인재를 원하고 있다.

4차 산업혁명 시대의 이직 추세는 업종 간 경계를 가리지 않는다. 최근 3~4년 전까지만 해도 기계, 전자, 반도체, 자동차, 건설, 조선, 유통 등 전통적인 산업 분야에서는 관련 지식과 경험을 가진 경력자를 최우선으로 선발해 왔다. 동종 업종 업무 경력이 전무하거나 빈약한 지원자들은 1차 관문인 이력서 검토 단계조차 통과하기 힘들었다. 그런데 이젠 이 장벽에 균열이 생기기 시작했다.

IT 분야 경력자가 제조회사나 금융회사 또는 물류회사로 이직하는 일이 이제는 생소하지 않다. 물류 분야에서 O2O로 경계를 초월한 이동도 많아지고 있다. 한 예로 뉴욕의 월스트리트에 있는 투자은행에서 근무하며 파생상품 판매에 대한 리스크 모니터링을 하다가, 승객과 차량을 이어 주는 차량 공유 서비스 제공 스타트업의 오퍼레이션 매니저로 입사한 사례도 있었다. 전혀 다른 업종에서 근무했음에도 이들이 새 직장을 선택할 수 있었던 것은 빅데이터를 이용한 비즈니스를 알고 있었기 때문이다. 기업은 이런 인재를 탐내고 있다.

글로벌 인재가 되자

지금 세계는 하나로 연결되어 있다. 트위터, 페이스북, 인스타그램 같은 SNS의 발달은 지구 반대편에 있는 친구와 비즈니스 파트너가 되게 해 준다. 사람과 사람, 사람과 도시를 연결해 지구촌이 하나로 소통하는 시대. 그 핵심에는 디지털을 중심으로 한 연결이 있다. 그런데 이 연결에는 더 깊은 의미가 있다.

연결을 통해 우린 상호의존성을 갖게 되고, 상호영향력 안에 존재한다. 상호의존성과 상호영향력이 기업 간 연결로 존재하면서 시장, 생산, 마케팅이 통합되거나 하나의 시스템 안에서 공존하게 된다. 4차 산업혁명 시대의 글로벌화는 이런 측면에서 디지털을 중심으로 한 글로벌화다.

최근 몇 년간 링크드인과 페이스북 등 글로벌 네트워크 플랫폼이 급속도로 발전함에 따라 글로벌 구인·구직 활동이 매우 활발히 이뤄지고 있다. 링크드인은 전 세계 사람들이 가장 많이 찾는 글로벌 비즈니스 네트워크 플랫폼이다. 세계 각국의 비즈니스 인재들과 1촌-2촌-3촌 맺기를 통해 시공간적 제약 없이 '글로벌 기업의 인사 담당자와 인재'를 연결한다. 누구나 프로필에 자신의 경력을 기재할 수 있고 지인이 작성한 추천서를 올릴 수 있다. 그럼 글로벌 기업의 인사 담당자나 리크루팅 담당자 또는 헤드헌터가 열람하고, 적합한 인재에게 이메일이나 SNS로 입사 제안을 한다. 최근에는 미국, 유럽 등 글로벌 기업 인사 담당자나 홍콩, 싱가포르, 중국 등 아시아권 헤드헌팅회사로부터 직접 연락을 받고 이직을 한 사람들이 많다. 역으로 인재들 역시 관심 있는 글로벌 기업이나 헤드헌팅회사에서 올린 채용공고를 볼 수 있고 본인이 직접 온라인으로 지원할 수도 있다.

글로벌 면접 방식 또한 변화하고 있다. 과거에는 해외에 있는 글로벌 기업과의 대면 면접(Face to Face interview)을 위해 휴가를 내고 항공편으로 해외 본사를 찾아가야 했다. 하지만 지금은 스카이프(Skype), 웹엑스(Webex), 페이스타임(Facetime) 같은 다양한 화상채팅 프로그램이 있어 시간과 비용을 절약할 수 있게 되었다.

필자가 만난 20~30대 직장인들 중에는 외국의 글로벌 인재들과 경쟁해도 결코 뒤지지 않는 역량을 겸비한 인재들이 적지 않았다. 이들은 조기유학, 해외유학, 어학연수를 다녀와 외국어를 잘하는 경우가 많았고, 해당 분야의 실무 역량을 잘 갖추고 있었으며, 글로벌 매너를 겸비하고 있었다. 최근에는 대학생들도 영어나 제2외국어 실력을 바탕으로 해외 인턴 취업에 적극적으로 도전하고 있다. 화상 면접 등 다양한 비대면 면접 방법이 상용화되고 있어, 해외에 있는 글로벌 기업 대부분은 어렵지 않게 전 세계 각국의 인재들과 면접을 진행하고 있다.

변화를 넘어 성장의 기회를!

지난 2017년 5월 한국직업능력개발원은 〈제4차 산업혁명에 따른 취약계층 및 전공별 영향〉이란 보고서에서 앞으로 '10년 후 국내 일자리 두 개 가운데 하나는 로봇이나 인공지능이 대체할 것'이라고 발표한 바 있다. 보고서는 운수업, 도소매업, 금융보험업 종사자, 판매원, 장치기계 조작조립 종사자, 기능원, 단순 노무원 등의 직종도 4차 산업혁명에 따라 사라질 수 있는 고위험군 일자리로 분류하였다. 이런 상황이니 사람들이 공포를 느낄 만도 하다. 하지만 이런 변화를 긍정적으로 받아들이고 잘 극복하느냐에 따라 변화는 기회가 된다.

필자는 1990년대 후반에 있었던 IMF 구제금융 시절을 겪은 세대다. 수많은 기업이 파산하고 적지 않은 노동자들이 구조조정으로 거리로 내쫓기면서 곳곳에서 자살 사태가 벌어지던 심각한 고용시장의 빙하기를 겪었다.

하지만 필자는 2000년도 초반의 벤처 열풍이 극에 달했던 화려한 시절도 겪었다. 온라인, 전자상거래 산업이 크게 성장하며 이와 관련해 새로운 일자리들이 우후죽순처럼 생겨나면서 대한민국이 IT

강국으로 성장해 온 지난한 과정을 지켜보기도 했다. 그리고 이제는 새로운 시대로의 전환을 맞이하여, 전통적인 일자리들이 점점 줄어드는 현실을 목도하고 있다.

필자가 몸담고 있는 헤드헌터라는 직업도 고위험군 일자리로 분류될 것이라는 견해가 있다. 기업이 원하는 역량과 스펙에 맞는 인재를 발굴하는 업무는 빅데이터와 인공지능에 의해 충분히 대체될 수 있다는 관점 때문이다. 하지만 필자의 생각은 달랐다.

물론 인공지능과 로봇 자동화 기술의 발달이 전 세계에 퍼져 있는 인재들에 관한 분석과 인재 리서치 업무의 효율성을 획기적으로 높일 수는 있다. 그러나 채용 담당자와 관계를 구축하고 그들의 숨은 니즈를 파악하는 능력, 기업의 가치와 비전 및 직무를 인재에게 셀링(selling)하는 능력, 기업과 인재 간의 설득과 협상을 조율하는 능력, 인재들의 드러나지 않은 솔직한 욕구를 이해하며 이들과 광범위한 관계를 구축하고 투박한 원석이 다이아몬드가 되게 하는 커리어 코칭 능력, 기업과 인재의 문화적합도(Cultural fit)를 판단하고 부킹하는 능력, 인재의 잠재 능력과 경험을 차별화하여 적합한 기업에 추천하는 능력 등은 인공지능이 아닌 인간 헤드헌터만이 할 수 있는 고유한 업무다. 이 때문에 필자는 4차 산업혁명의 기술을 이해하고 업무에 이를 더 많이 활용함과 동시에 인간만이 할 수 있는 고유 영역에 더욱 집중함으로써 헤드헌터로서의 위상을 더욱 공고히 할 수 있을 것이라 기대한다.

대한민국은 세계적으로 4차 산업혁명에 가장 주목하고 열광하는 대표적인 나라다. 새로운 시대를 맞이하고 있는 대한민국의 직장인들은 위기와 기회라는 양날의 칼을 쥐고 있다. 철저히 준비하면 위기에 휘두른 칼은 기회가 되지만, 준비가 제대로 되어 있지 않으면 기회에 휘두른 칼은 위기를 부르기도 한다.

무엇보다도 현재 자신이 처한 상황을 직시하는 눈이 필요하다. 실무 능력과 핵심역량에서 부족한 점은 없는가. 지금부터 집중해서 계발해야 할 역량은 무엇인가. 나는 미래에 무엇이 되고자 하는가. 어떻게 준비하는가에 따라서 새로운 미래가 활짝 열릴 수도 있고 그렇지 않을 수도 있는 시대다.

시대와 현실의 변화를 위기가 아닌 도전으로 생각하자. 눈앞의 현실을 직시하고 인재 특유의 민첩성(Agility)을 갖춰 유연하게 대응하는 태도가 필요한 시점이다. 두려움은 무지에서 나온다. 4차 산업혁명에 대한 막연한 두려움에서 벗어나 적극적인 성장 기회를 찾자.

4차 산업혁명 시대에 기업이 찾고 있는 인재는 과연 어떤 사람들일까? 스스로 생각하고 알아보기도 하자. 기업에서 탐내는 인재가 되기 위해서는 어떤 점을 미리 준비해야 할까. 이제 본격적으로 함께 고민해 보자.

4차 산업혁명 시대에 기업은 어떤 인재를 원할까?

4차 산업혁명 시대가 원하는 인재

과거에는 비즈니스 리더에게 재무, 회계, 마케팅 등과 관련된 측정 가능한 유형의 하드 스킬이 중요했다. 2000년대 들어서는 조직 관리에 필요한 커뮤니케이션이나 문제해결 능력 또는 공감 능력 같은 소프트 스킬이 강조되었다. 그러나 4차 산업혁명기에 들어서는 혁신이 기업의 중요한 과제로 등장하면서 첨단 기술을 이해하는 능력인 뉴 하드 스킬이 중요해지고 있다. 이제부터 4차 산업혁명 시대 기업이 원하는 인재를 알아 보자.

스펙보다는 실력을 갖춘 인재

명문대 졸업장 같은 고학력 스펙의 시대는 저물어 가고 있다. 어떤 회사에서, 어떤 부서에서, 그리고 누구와 함께 일했느냐에 따라 지원자의 합격 여부가 결정되던 시대도 가고 있다. 지금까지는 명문대를 나와 유명 기업에 다니다 보면 어디든 오라는 곳이 많았다. 하지만 최근에는 스펙보다는 실무 능력과 고유 역량이 매우 중요해지고 있다. 어떤 산업에서 어떤 직무 경험을 쌓았는가를 중요하게 보고 이를 정확하게 검증할 수 있는 기법들도 속속 등장하고 있다.

최근 확대되고 있는 블라인드 채용은 그와 맥을 같이한다. 지원자의 외모, 출신 학교, 전공, 성적 등의 정보를 배제하고 오로지 직무와 관련해 어떤 경험을 했는지, 직무 전문성을 잘 갖추고 있는지를 검증하는 것이 블라인드 채용의 목적이다.

다음카카오는 신입 공채 1차 시험으로 온라인 코딩 테스트를 실시한 바 있다. 이처럼 국내 IT기업들 가운데는 코딩 테스트만으로 직원을 채용하는 회사가 점점 늘고 있다. 이런 추세는 학력이나 전공에 상관없이 코딩 실력을 중점적으로 보겠다는 새로운 전형 방식이다.

과거에 대부분의 기업들이 인재 채용의 요건으로 책임감, 성실성, 주인의식, 충성도 등을 공통 핵심역량으로 꼽았던 것에 비하면, 다음카카오의 채용 방식은 일대 혁신이 아닐 수 없다. 4차 산업혁명 시대에 국내 기업들은 기술에 대한 이해, 융합 능력, 창의성, 협동력을 핵심역량으로 보고 있다.

뉴 하드 스킬을 갖춘 인재

4차 산업혁명 시대의 인재라면 반드시 최신 기술에 대한 이해력을 갖추고 있어야 한다. 산업 현장에서 들려오는 기업들의 볼멘소리 대부분이 '인재라고 채용했더니 최신 기술에 대한 소양이 전무하다'는 것이다. 이런 목소리를 반영하듯 한국산업기술협회는 대학 졸업자들과 산업 현장에서 필요로 하는 인재들을 대상으로 과학과 공학에 관한 기술적 소양 향상 프로그램을 실시하고 있다. 특히 이직을 준비하는 직장인을 대상으로 한 산업기술 분야의 소양 강화 프로그램은 충분히 관심을 가져 볼 만하다.

그만큼 4차 산업혁명 시대에는 업무의 전문성뿐 아니라 관련 기술, 즉 디지털, 인공지능, 빅데이터 등에 대한 이해가 필수다. 예를 들면 마케팅, 회계, 법률, 인사, 영업 분야에서도 빅데이터를 통해 의미 있는 정보를 얻어 내고 이를 활용해 고객, 경영진, 직원들과 보다 효과적인 의사소통을 할 수 있어야 한다. 또한 자신의 전문 분야에 대한 기술뿐 아니라 다른 산업 분야와 업종에 관련된 기술 트렌드를 읽어 내는 능력도 필요하다. 앞으로 어떤 기술이 유망한지, 현실에서 구현 가능성이 있는 기술은 어떻게 변화될지, 기술의 흐름이 어떻게 바뀔지를 예측할 수 있는 사람이 '인재' 소리를 듣는 시대가 된 것이다.

신기술에 관심을 갖고 자신의 기술 이해도와 수용 능력을 적극적으로 높이는 노력이 필요하다. 국내 기업도 기술 이해도가 높은 사람을 적극적으로 찾고 있다. 빅데이터나 사물인터넷에 대한 실무 경험은 부족하더라도 어느 정도 기술 이해도를 갖춘 인재라고 판단되면, 보다 심화된 과정을 이수하게 하는 등 기술 이해도에 대한 학습 능력을 고취시키기 위해 투자와 지원을 아끼지 않고 있다.

제프리 가렛 와튼스쿨 학장은 '비즈니스 리더에게 꼭 필요한 건 뉴 하드 스킬'이라고 말한 바 있다. MBA에서 전통적으로 가르쳐 온 경영 관련 분야에 관한 전문 지식을 보통 하드 스킬이라고 부르는데, 여기에 '기술 지식'을 보다 강조해 '뉴 하드 스킬'이라고 명명한 것을 보면, 말 그대로 '첨단 기술을 이해하는 능력'의 중요성을 새삼 강조한 것이다.

사실 과거 비즈니스 환경은 지금과 완전히 다르다. 첨단 기술이 등장하면서 지구촌 어디에서나 산업 구분을 막론하고 혁신이 일어나고 있다. 가렛 학장은 '좋은 비즈니스 리더라면 꼭 기술에만 관심이 있는 너드(nerd) 같은 과학자가 되어서는 안 된다'라고 말한다. 너드란 지능이 뛰어나지만 강박관념에 사로잡혀 있거나 사회성이 떨어지는 사람을 일컫는 말이다. 그가 굳이 이런 개념을 언급한 이유는 '적어도 우리에게 필요한 기술적 지식 정도는 기본적으로 갖추어야 한다'라는 역설이다.

스타트업에 가서 새로운 기술을 익히고, 핀테크로 무장한 금융회사에 가서 어떤 기업이 자금조달에 성공할 수 있는지를 익히는 것이 뉴 하드 스킬을 갖추는 대표적인 방법이다. 최근 가장 유망한 기업으로 주목받고 있는 구글, 페이스북, 알리바바, 테슬라, 아마존의 CEO들은 자신들의 분야에 관한 기술적 전문성을 획득하고 있다는 측면에서, 충분히 뉴 하드 스킬을 갖춘 인재라 할 수 있다.

융합형 인재

지금 기업은 융합형 인재를 원하고 있다. 특히 기술과 비즈니스에 관한 융합 능력을 중요시한다. 제조업, 유통업, 금융업 등에서도 융합형 인재의 수요가 급증하고 있다. 융합 능력이 없다면 빅데이터, 사물인터넷, 머신러닝, 인공지능과 같은 새로운 기술에 대한 이해력을 바탕으로 새로운 비즈니스 전략을 만들고 이를 발전시킬 수 없기 때문이다.

지난 2016년 12월 「매일경제」는 특별취재팀을 꾸려 '4차 산업혁명 성공의 조건'이라는 시리즈 기사를 내보냈다. 그중 눈에 띄는 기사 하나가 바로 세계적으로 촉망받는 기업의 CEO에 대한 분석이었다. 기업가치 1조 원 이상을 자랑하는 비상장 스타트업(일명 유니콘 기업) CEO 140명을 분석한 결과는 매우 놀라웠다. 그들 10명 중 3명은 '하이브리드형 인재'였다. 즉, 140명의 CEO 중 약 30%에게서 발견된 공통점이 '공학과 인문사회과학'을 병행하여 학습했다는 것이었다. 이들은 결국 융합형 인재였던 것이다.

　클라우드 플랫폼기업 옥타(Okta)의 창업자인 토드 매키넌은 브리검영대학에서 경영학을 전공하고 캘리포니아 폴리테크주립대학에서 컴퓨터공학 석사학위를 받은 융합 교육의 수혜자다.

　미국 실리콘밸리의 스타트업 창업자들은 비교적 공대 출신이 많지만, 회사가 규모를 키우는 단계에 접어들면 MBA 출신들이 더 큰 활약을 하는 경우가 많다. 미국의 유명 MBA에는 첨단 기술 분야를 공부한 학생들이 대거 몰리고 있는데, 이들은 전략적으로 기술과 경영을 접목하려는 융합형 인재들이다.

　융합형 인재를 선호하는 기업의 관심은 국내에서도 발견된다. 자기소개서에서 빠지지 않는 것 중 하나가 '낡은 것과 새로운 것의 융합'이나 '기술과 인문의 융합 경험'에 관한 질문이다. 이직을 위해 필자를 찾아오는 지원자들 중에는 공학을 전공하고 경영학을 부전공한 융합형 인재가 적지 않다. 공대 출신의 공인회계사나 변호사는 기술과 재무, 기술과 법을 관통하는 능력을 가진 융합형 인재로 평가받는다. 자신의 전문 분야를 기반으로 앞으로 유망하다고 생각되는 분야를 한두 가지 정해 융합 능력을 배양하려는 노력이 필요하다.

창조성을 가진 인재

과거 기업은 조직에 순응하고 명령을 잘 따르는 매뉴얼형 인재를 선호했다. 하지만 4차 산업혁명 시대에는 새로운 아이디어로 무장하고 늘 다른 관점으로 보고 생각할 줄 아는 창조적 인재를 선호한다. 면접 전형에서도 이런 격차는 두드러진다.

사실 예전에는 면접 전형이 그리 복잡하지 않았다. 이력서를 내고 한두 차례 대면 면접을 보는 경우가 일반적이었다. 하지만 요즘은 현장에서 과제를 주고 과제에 대한 답변을 준비하여 프레젠테이션을 실시하게 하는 방식을 취한다. 업무에 대한 전문성을 바탕으로 얼마나 창의적이고 혁신적일 수 있는지를 평가하기 위한 것이다.

실제로 한 기업은 마케터를 채용하는 면접 자리에서 신상품을 제시하며 마케팅 전략을 만들어 발표하라는 요청을 하기도 했다. 한국에 진출하는 글로벌 소비재회사의 지사장 채용 면접에서는 소비재업계의 쟁쟁한 회사 경력자를 제치고 전직 금융업계의 경력자가 합격했다.

기업은 '상자 밖의 사고가 가능한 창의적 인재'를 원했고 혁신을 위해 과감히 결정한다. 두 번째 사례의 합격자는 유명인을 활용하는 홍보나 백화점 입점을 당연시하던 기존의 소비재 마케팅 전략에서 탈피해, 일반 매장의 콘셉를 차별화하고 색다른 마케팅 기법을 도입하여 큰 성과를 내고 있다는 후문이다.

창의성이 얼마나 중요한지는 지금까지 인공지능이 인간과 경쟁해 온 과정만 보아도 충분히 알 수 있다. 지난 2017년 프로 바둑기사 이세돌 9단이 알파고와의 대국에서 참패하는 순간 사람들은 경악했다. 인공지능은 생각보다 강했다.

금융권에서는 로봇이 은행원의 업무를 대체하고 있다. 시중은행이 앞다투어 광고하고 있는 로보어드바이저가 대표적인 예다. 로보어드바이저란 로봇을 의미하는 robot와 자문 전문가를 의미하는 advisor의 합성어로, 컴퓨터 알고리즘을 활용해 고객의 자산운용을 자문하고 관리해 주는 로봇 자산관리서비스를 말한다. 펀드매니저와 프라이빗 뱅커의 역할을 인공지능이 대신하는 것이다.

한국과 미국에서는 벌써부터 인공지능 변호사가 로펌에 취직해서 일하고 있다. 일본에서는 소설을 쓰는 로봇이 등장해 문학상을 수상했다. AP, 로이터, 블룸버그 등에서는 로봇이 기사를 쓰고 있다. 미국 캘리포니아의 한 대학병원에서는 노동조합이 파업하자 조제 로봇이 약사를 대체했다.

이 모든 것들이 새로운 세상을 여는 기술임에는 틀림없다. 그러나 아직까지도 창조성은 인간의 고유 가치다. 가슴속에 휴머니티를 간직한 채 인공지능과 로봇이 모방할 수 없는 창조성의 세계를 더욱 소중히 발전시켜 나가야 할 이유가 여기에 있다.

당신은 현재의 직업과 관련해서 얼마나 창조적인가? 『유엔 미래 보고서 2045』에 따르면, 향후 인공지능이 의사, 변호사, 기자, 통번역가, 세무사, 회계사, 재무설계사, 금융컨설턴트 등을 대신할 것이라고 한다.

머지않은 미래에 전방위적인 로봇의 공격도 시작될 것이다. 그럼 당신은 과연 어떻게 될까. 인공지능과 로봇에 대항력을 가진 당신의 무기란 무엇인가? 바로 창조성이다. 로봇이 하지 못하는 일을 당신은 할 수 있다. 로봇은 과제를 수행할 수는 있으나 과제를 판단하고 결정할 수는 없다. 새로운 시각으로 창의적인 아이디어를 내는 일을 당신은 할 수 있지만 로봇은 여전히 할 수 없다.

4차 산업혁명 시대에 필요한 인재의 역량으로 당신에게 필요한 것은 바로 창조성이다.

협조성을 가진 인재

「포브스」의 발행인 리치 칼가아드와 『가상기업』의 저자 마이클 말론은 공동 저서 『팀이 천재를 이긴다』에서 '팀이 개인보다 더 위대한 아이디어를 내놓을 가능성이 크며, 팀 단위 연구자들이 새로운 이론을 발표할 확률이 개인보다 37.7% 더 높다'라고 했다. 한 명의 천재를 이기는 팀의 힘은 과연 어디에서 오는 것일까.

4차 산업혁명 시대의 기업은 혼자가 아니라 함께 일을 잘할 수 있는 '협조성'을 가진 인재를 원한다. 협조성을 가진 인재가 필요한 시대라는 건 그만큼 광대한 정보의 홍수 속에 우리가 존재하고 있기 때문이다. 4차 산업혁명 시대에는 73일마다 지식과 정보가 두 배로 늘어난다는 통계도 있다. '얼마나 많은 정보를 갖고 있는가'보다는 '얼마나 다양한 경험과 지식을 가진 자들이 서로 협조하여 현실의 변화에 발 빠르게 대응할 수 있는가'가 모든 경쟁력의 원천이 된다.

재택근무의 상징이었던 IBM은 지난 2017년 9월, 수십 년 동안 고수해 온 재택근무 제도를 전격 폐지했다. IBM은 지난 2009년 173개국 38만 6천 명의 직원 중 40%가 원격 근무 중이라고 발표한 바 있다. 원격 근무 제도의 도입으로 사무실이 필요 없어지자 세계 각지의 오피스 빌딩을 20억 달러에 매각하기도 했다. IBM의 행보는 업계에도 영향을 미쳐 대형 보험회사인 애트나, 가전기기 판매점인 베스트바이, IT기업 야후도 재택근무를 전격 중단했다. 급기야 애플과 구글도 재택근무 시행을 무기한 보류했다. 전문가들은 업무 효율을 높이려면 좋은 관계가 선행되어야 하고 이를 통해 원활한 업무 협조가 가능해야 한다고 말한다. 원격 근무는 개인적인 업무를 수행하기에는 효율적이지만, 협조성을 바탕으로 성과를 내기에는 불리하다는 평가를 받고 있다.

국내 기업 역시 협조성이 강한 인재를 찾는다. 최근 신입사원 채용에 빠지지 않는 전형이 토론 면접이나 역할극이다. 토론 면접은 특정 주제를 주고 5~6명의 팀이 토론하는 모습을 관찰하면서 지원자의 성향과 능력을 평가하는 전형 방식이다. 역할극은 입사 후 접할 수 있는 특정 상황을 미리 설정하고 이에 어떻게 대응할지를 연기하는 것이다. 토론 면접과 역할극은 시간이 많이 소요된다는 단점이 있지만 지원자의 말과 행동, 태도 등을 관찰하면서 보다 정확한 평가가 가능하기 때문에 점점 더 많은 기업이 도입하고 있다.

협조성을 가진 인재가 되기 위해서는 타인의 이야기를 경청하고 타인의 입장에서 생각하고 다양성을 존중하는 성숙한 사고가 필요하다. 능력뿐 아니라 인성까지 겸비한 인재가 바로 협조성을 가진 인재다.

2

4차 산업혁명 시대
이직의
전략

제조업

제조업(Manufacturing)이 뭘까? 어렵게 생각할 필요는 없다. 공장이 있고 기계가 돌아가고 거기서 어떤 제품이 생산되고 있다면 그 회사는 일반적으로 제조업으로 분류된다. 여기서 제조의 기준은 어떤 재료를 '가공'하여 새로운 '제품'을 만들어 내는 것이다.

가장 쉬운 예로 쌀집 아저씨가 쌀을 사다가 동네 주민에게 파는 행위는 유통이지, 제조가 아니다. 그런데 쌀집 아저씨가 어느 날 쌀에 금(Gold) 가루를 입혀(가공) 금쌀(제품)을 만들어 판매한다면 제조가 된다. 정육점 아저씨도 마찬가지다. 생고기를 가져다 무게를 달아 칼로 썰어 파는 행위는 유통이지, 제조가 아니다. 그러나 생고기를 양념해 브랜드가 인쇄된 진공포장 용기에 담아 판다면 제조가 된다.

비단 쌀과 육류뿐일까. 옷감을 사다가 디자인을 고안하고 염색과 수선 등의 가공을 거쳐 의류를 만들어 내는 것, 원료를 사다 가공을 거쳐 화장품을 생산해 내는 것, 소재와 부품을 사다가 자동차를 생산하거나 반도체를 만들어 내는 것 모두가 제조이며, 이런 기업 활동을 하는 업종을 제조업이라고 한다.

제조업계의 인재 시장 트렌드

4차 산업혁명 기술이 가장 눈에 띄게 적용되고 있는 제조업 분야는 자동차와 반도체다. 자율주행과 자동차 동력원 혁신, 시스템반도체의 급부상이 대표적이다. 모두 인공지능과 로봇 기술 그리고 빅데이터를 기반으로 하는 기술 혁명 없이는 불가능한 일이다. 빅데이터를 기반으로 한 기술 혁신은 제조업 분야의 제품 혁신과 함께 서비스 혁신으로 이어져 우리의 삶을 변화시키고 있다. 기술이 나아가는 속도와 방향 속에서 제조업 분야에서는 어떤 인재들을 요구하는지 살펴보자.

트렌드 1. 자율주행과 자동차 동력원 혁신

첫째는 자동차의 지능화를 들 수 있다. ADAS(Advanced Driver Assistance Systems)로 불리는 첨단운전자지원시스템은 자동차가 사물을 인지하고 판단하여 스스로 제어 활동을 할 수 있게 만들어졌다. 자동차는 센서나 카메라를 통해 주변 환경을 인지할 수 있고, 인간의 뇌에 해당하는 컨트롤러를 통해 스스로 판단하고 행동을 명령한다.

자율주행자동차, 커넥티드카, 스마트카 등으로 구현되는 지능화 시스템의 각축전은 이미 테슬라, 구글, 애플에서 벌어지고 있다. 글로벌 IT기업들의 보이지 않는 기술전쟁이 시작된 것이다. 지능화된 자동차 시스템 분야의 새로운 강자가 누가 될지는 몇 년을 더 지켜봐야 하겠지만 당장 내일 어떤 변화가 생길지는 누구도 장담할 수 없다.

자율주행 기술은 자동차 지능화의 핵심이다. 사람 대신 인공지능이 운행을 도맡는 시스템이다. 아직은 제한된 기술로 운전자와 자동차가 번갈아 제어할 수 있는 수준이라고 하지만, 가까운 미래에는 운전자가 아무것도 하지 않고 자동차 스스로가 운행하는 '완전자율주행'시대가 올 것이다.

그렇게 되면 첨단운전자지원시스템(ADAS)에서 조금 더 진보된 버전이 장착될 것이고, 이로 인해 자동차에 탑재된 카메라와 센서가 사람의 눈처럼 빠른 속도로 물체를 감지하여, 주행 중인 자동차 간의 거리와 속도를 자동 조절하고 자연스럽게 차선을 변경하는 기능이 완벽히 구현되는 때가 올 것이다. 테슬라는 이미 자동으로 주차가 가능한 오토파크 서먼(Autopark summon) 기능을 구현해 냈다. 이를 위해 수백 번의 시험과 검증을 거쳤다고 한다.

자율주행 기술과 관련해서는 앞으로 보다 완벽한 자율주행을 위해 물체를 더 잘 판별할 수 있는 카메라 기술, 더 정교한 센서, 불량 검증을 위한 최적의 소프트웨어가 매우 중요하다. 실제로 자율주행 시스템의 핵심이 되는 센서와 카메라 개발을 위해 대부분의 전장부품(차량에 들어가는 모든 전기·전자·정보기술 장치로 텔레매틱스, 중앙정보처리장치, 헤드업디스플레이, 차량용 반도체 등을 말함) 회사들은 자회사를 설립하여 연구개발에 박차를 가하고 인재 스카우트 경쟁에 나서고 있다.

둘째는 자동차를 움직이는 동력원의 혁신이다. 전기차와 수소차 같은 차세대 동력원의 출현은 자동차 소재의 혁신을 동반하고 있다. 휘발유 대신 배터리를 충전하는 방식으로 동력원이 변화함에 따라 연료 전지와 배터리 기술이 더 중요해진 상황이다. 이와 관련해서는 배터리 엔지니어 채용이 급증하고 있다.

전기차가 문제없이 주행하기 위해서는 배터리와 모터, 전력변환 시스템(PCS, Power Conversion System)의 안정성이 필요한데 아직 국내 전기차 시장은 배터리 외에 다른 소재에 대해서는 준비가 부족한 상황이다. 현대모비스, 현대자동차, LG화학 같은 대기업과 기타 부품업체들이 기술 개발을 위해 투자하고 있으나, 기술력은 선진국 대비 30% 수준으로 충분하지 않다는 게 필자가 늘 접하는 전문가들의 공통된 의견이다.

소재 분야에서는 아무래도 친환경이라는 키워드가 중요하게 부각되고 있다. 자동차 부품을 최대한 가볍게 하기 위해 금속을 공업용 플라스틱(EP, Engineering Plastic)으로 대체하거나, 자동차 촉매 등에서도 친환경 제품을 사용하기 위한 변화를 꾀하고 있다. 업계는 특히 몬트리올 의정서(오존층의 파괴 예방과 보호를 위해 제정한 국제협약)에 따라, 향후 10년 이내에 대부분의 화학소재를 친환경 소재로 바꾸어야 한다. 오염을 일으키는 물질에 대한 사업이 제한될 수밖에 없다. 소재 분야 역시 친환경 화학제품 기술에 대한 경험 있는 인재들이 많이 필요하다.

인재 채용의 현장에서는 자동차 관련 기업의 요구와는 달리 이들이 필요로 하는 인재가 많이 부족한 실정이다. 특히 지원하는 인재들 간의 경력 차이가 크다. 변화하는 시장의 흐름에 빠르게 대응하고자 하는 기업은 자율주행 분야의 선도적인 인재들을 선호하지만, 현재로서는 그런 인재가 턱없이 부족한 상황이다. 최신 기술에 대한 경험이 짧거나, 경험이 있더라도 제품에 대한 연구개발 경험만

두드러질 뿐, 상용화된 이후 프로세스에 대한 직무 경험이 없어서 기업들도 애가 타는 실정이다.

트렌드 2. 데이터드리븐

데이터드리븐(Data-Driven)은 말 그대로 빅데이터가 주도하는 어떤 것을 말한다. 데이터드리븐 마케팅이라고 하면 빅데이터를 기반으로 마케팅 시나리오와 전략을 수립하고 실행하는 것을 의미한다. 예전에는 웹로그 분석과 빅데이터 분석의 업무가 그저 데이터를 추출하고 상호연관어를 통해 어떤 통계에 접근하는 데 그쳤다면, 이제는 빅데이터 안에 존재하는 숨은 의미를 찾아내고 그 통찰력을 기반으로 마케팅 전략 등 어떤 실행을 위한 솔루션을 창조해 내야 하는 일로 진화했다.

따라서 빅데이터는 어떻게 활용하느냐에 따라 다이아몬드가 될 수도 있고 자갈이 될 수도 있다. 중국의 알리바바닷컴이 세일 기간 동안 하루에 주문을 30만 건 이상 처리할 수 있는 것은 빅데이터에 기반한 데이터드리븐 마케팅 전략이 있었기 때문이다. 그들은 고객들의 구매 성향을 보여주는 데이터를 통해, 누가 언제 어떤 상품을 어디로 주문할 것인지를 예측하는 데 성공했다.

최근 제조업계가 도입한 인공지능과 로봇공학 같은 4차 산업혁명 기술들은 사실 빅데이터와 밀접히 연관되어 있다. 딥러닝은 인공지능 분야에서 주목받고 있는 기술이지만 그 모든 시작과 끝은 빅데이터를 어떻게 다루고 처리하는가에 있다. 이런 측면에서 볼 때 빅데이터는 향후 반도체 제조에서도 활용할 수 있는 중요한 기술임은 물론 반도체 제조 공정에 사용되는 중요한 장비와 웨이퍼 불량을 체크하는 검사 장비에도 활용가치가 크다.

아마존이 일찍이 원클릭 쇼핑 시스템을 만들어 유통시장을 평정할 수 있었던 것도 데이터드리븐에 기반한 전략 때문이었다. 소비자들의 구매 및 행동 패턴을 빅데이터로 파악하고, 소비자의 니즈가 어디에 있는지를 판단해 비즈니스에 활용한 결과다. 자동차 시장까지 힘을 뻗친 아마존은 자동차 전용 웹페이지 '아마존 비이클 (Amazon Vehicles)'을 통해 데이터드리븐 마케팅에 더욱 열을 올리고 있다.

소비자가 직접 자동차 사양, 고객 리뷰, 가격 비교를 체험할 수 있도록 서비스를 제공하고 있음은 물론 자동차 시승 체험 프로그램까지 만들어, 아마존닷컴의 프라임 회원이 현대자동차의 시승을 원할 경우, 고객의 주소지로 직접 차를 갖고 가 현대차를 경험할 수 있도록 서비스하고 있다.

GE는 데이터드리븐 기업으로 탈바꿈하겠다고 선언했다. GE스토어라는 플랫폼을 만들어 데이터 관리, 예측 분석, 첨단 제어 시스템 솔루션 서비스를 전사적으로 전개 중이며, 단지 소프트웨어 솔루션을 판매하는 데 그치는 게 아니라 이런 신기술을 공장과 시설에 활용하여 GE의 운영 개선과 생산성 제고를 이끌어 내고 있다.

지금까지는 누가 빅데이터를 잘 분석하여 선점하느냐에 따라 기업의 성패가 갈렸다면, 앞으로는 빅데이터를 통해 고객이 원하는 것을 가장 빠르게 구현해 내는 솔루션 기술이 각광받을 것이다. 이에 따라 데이터드리븐을 기본으로 하는 솔루션 분야의 인재 수요는 더욱 늘어날 것이다.

트렌드 3. 스마트팩토리

4차 산업혁명 시대, 제조업 발전의 핵심 분야 중 하나가 바로 스마트팩토리다. 이는 빅데이터와 사물인터넷을 빼놓고 이야기할 수 없지만, 여기에 더해 가상물리시스템(CPS, Cyber Physical System), 스마트 센서, 3D 프린팅 등 많은 기술들이 복합적으로 적용된다. 스마트팩토리는 공장 안에 있는 모든 설비와 기계 장치에 센서를 부착해 이를 통해 수집된 정보를 바탕으로 공장 전체를 관리하는 방식이다. 이런 측면에서 스마트팩토리란 단순히 공장 자동화를 말하는 것이 아니라 인지통합 시스템으로 운영되는 디지털 공장 시스템을 의미한다.

외국에서는 독일, 미국, 일본을 중심으로 전기, 전자, 자동차, 기계 등 다양한 업종의 기업들이 스마트팩토리 건립을 추진하고 있다. 독일의 지멘스(Siemens), 미국의 로크웰 오토메이션(Rockwell Automation), 일본의 미쓰비시(Mitsubishi) 등은 각 나라를 대표하는 스마트팩토리의 선두 주자다.

그중에서도 4차 산업혁명에 자주 인용되고 있는 독일은 핵심 생산기지를 최대한 자국 내에 두는 원칙을 고수하고 있다. 다른 국가의 기업 대부분은 인건비가 저렴하다는 이유로 비용을 절감할 수 있는 개발도상국에 생산기지를 설립하지만, 독일은 자신들의 방침을 고수하기 위해 자국 내에 IT 융합을 통한 전 공장의 스마트팩토리화를 지속적으로 추진하고 있다. 이런 추세에 따라 미국도 해외에 구축한 생산기지를 자국으로 철수하는 데 노력을 아끼지 않고 있다.

한국은 제조업 강국으로 불리지만 사실상 스마트팩토리 건립은 시작 단계에 불과하다. 특히 스마트팩토리의 기초 기술인 하드웨어와 소프트웨어 분야의 기술 경쟁력이 부족한 게 사실이다. 하지만 당장 국내에 큰 반향이 없다 해도 결국 공장의 미래 모습은 스마트팩토리로 나아가게 될 것이다. 특히 저출산 고령화로 인한 생산 인구 감소, 제조업의 부가가치 하락 등 사회경제적 이슈들을 반영하다 보면, 결국 공장들은 자동화 시스템을 넘어선 스마트팩토리로 전환될 것이다.

한편 스마트팩토리의 자동화 시스템은 수많은 노동자들을 거리로 내몰 것이 분명해 보인다. 현재 기존 방식을 고수해 온 제조업 공장에는 총괄책임자인 공장장, 생산 책임자, 품질 책임자, 공장의 프로세스를 개선하기 위한 혁신 책임자, 지속적인 개선 책임자, 생산된 물건을 소비자에게 배송하기 위한 물류 책임자, 공장의 모든 기계와 라인의 설치 및 유지보수를 담당하는 기술 책임자, 그리고 생산을 책임지는 각 단위의 책임자가 일하고 있다. 그런데 이 많은 포지션들은 생산관리시스템(MES), 재료제어시스템(MCS), 고장탐지 및 첨단공정제어(APC), 공정이상감지시스템(FDC) 등의 자동화 시스템과 로봇에 일자리를 내줄 가능성이 크다.

실제로 독일의 아디다스는 이미 무인공장의 서막을 열었다. 그간 인건비 부담 때문에 동남아시아나 중국을 거점으로 공장을 가동했지만 23년 만에 독일 자국에 공장을 세우면서 100% 로봇 자동화 공정을 갖추었다.

아디다스의 스마트팩토리에서는 연간 50만 켤레의 주문 제작 신발을 단 10명이 생산할 수 있게 되었다. 이는 과거 중국 내 공장에서 600명이 하던 일과 맞먹는 생산력이다.

트렌드 4. 노라인

노라인(No Lines)은 진작부터 4차 산업혁명 시대의 키워드로 등장했다. 아마존 시애틀 본사에 위치한 '아마존 고' 매장에 붙어 있는 '노라인, 노체크아웃(계산을 위해 줄을 설 필요가 없다는 의미)'에서 시작된 이 개념은 온라인 회사들이 주도적으로 오프라인을 향해 마케팅의 영향력을 확대하는 경계 허물기의 대명사로 발전하고 있다.

아마존 고 매장에서 고객이 원하는 상품을 그냥 가지고 나오면, 구입한 물건 값이 소비자의 아마존 계정에서 자동으로 계산된다. 최근 글로벌 컨설팅회사 맥킨지는 산업 간 경계가 무너지는 '노라인 비즈니스'가 2025년까지 60조 달러 규모의 가치를 창출할 수 있을 것이라고 분석한 바 있다.

「월스트리트저널」은 온·오프라인의 경계가 무의미하다는 취지에서 '온라인, 오프라인, 노라인(Online, Offline, No Line)'이란 제목의 기사를 선보이기도 했다.

노라인을 구축해 온 업체들 가운데 스타벅스는 커피라는 상품과 디지털 콘텐츠와 전자결제 시스템을 결합해 서비스를 혁신했고, 포드는 자동차와 모빌리티를 결합했으며, 버라이즌은 유무선통신과 미디어의 결합을 통해 노라인 혁신을 주도하였다. 온라인과 오프라인, 서비스업과 제조업, 가상과 현실 등 기존의 비즈니스를 구분 짓는 경계를 무너뜨리는 새로운 비즈니스 모델이 여기에서 탄생한다.

트렌드 5. 시스템반도체

국내 반도체 시장은 메모리반도체와 비메모리반도체(시스템반도체) 시장으로 구분되는데, 전자는 데이터를 저장하고 기억하는 역할을 하고, 후자는 데이터 처리를 담당한다. 그런데 4차 산업혁명 시대에는 정보를 저장하고 기억하는 메모리반도체보다 사물을 인지하고 연산, 제어, 처리하는 능력을 갖춘 시스템반도체의 기능이 더 중요하다.

그래서인지 메모리반도체를 앞세워 재미를 봤던 국내 반도체업체들은 최근 들어 시스템반도체 시장을 향한 전열 정비에 한창이다. 새로운 설비 투자와 인재 확보 경쟁에 중점을 두고 있다. 따라서 향후 반도체 분야의 인재 채용 트렌드는 시스템반도체 분야로 집중된다.

메모리반도체의 대표 주자를 꼽는다면 단연 D램·낸드(NAND) 플래시다. 시스템반도체는 모바일 기기의 뇌(Brain)에 해당하는 애플리케이션프로세서(AP)와, 눈(Eye)에 해당하는 이미지센서(CIS) 등이 있다. D램 분야에서는 개인용 컴퓨터(PC)의 수요가 줄어들고 모바일과 서버의 비중이 확대되고 있다. 낸드 플래시 분야에서는 차세대 저장 장치인 SSD(Solid Straight Drive)의 비중이 커지고 있다.

〈시스템반도체 특징과 주요 기업〉

구분	특징	국내	해외
IDM (종합반도체회사)	– 반도체 설계, 제조, 테스트, 패키지 등 모든 생산을 수행하는 종합반도체회사 – 대규모 R&D와 설비 투자, 숙련된 기술 필요	삼성전자 SK하이닉스	인텔 마이크론 ST마이크로 인피니언 TI
팹리스	– 팹(Fab 공장) 없이 시스템반도체의 설계와 개발, 판매만을 전문적으로 수행하는 기업 – 창의적 인력, 고급 설계 기술력 필요	실리콘웍스 텔레칩스 실리콘마이터스	퀄컴 미디어텍 브로드컴
파운드리	– 외부 업체가 설계한 반도체 제품을 위탁받아 생산 공급하는, 팹을 가진 전문 생산 기업	동부하이텍	TSMC UMC SMIC
칩리스(IP Provider)	– 반도체 설계에 필요한 설계자산(IP)을 개발 유통하는 기업(IDM이나 팹리스에 IP 제공) – 적은 자본으로 설립 가능 라이센스와 로열티 수입 * IP(Intellectual Property): 반도체 설계자산	칩스앤미디어 레오엘에스아이	ARM 시놉시스 케이던스
패키징테스트 (후공정)	– 가공된 웨이퍼의 조립 테스트를 전문으로 하는 기업 – 축적된 경험과 거래선 확보 필요	STS반도체 시그네틱스 하나마이크론	Amkor ASE JCET

출처: 반도체산업협회

국내 반도체 분야의 호황은 주로 메모리반도체 때문이었다. 증권가 애널리스트와 업계 전문가들은 메모리반도체 시장의 장기호황(Super Cycle)을 2020년까지로 보고 있다. 하지만 일각에서는 지극히 낙관적인 예측이라며, 반도체 시장의 특성상 장기호황은 곧 사라질 것이라고 걱정한다. 여기에 하루가 멀다 하고 쫓아오는 중국도 위협 요인으로 작용할 수 있다. 아직은 국내 반도체 기술을 따라오지 못하지만 중국은 지금도 무섭게 추격해 오고 있다.

주요 포지션

한국표준산업분류표(KSIC)를 보면 C코드로 시작하는 제조업의 종목별 고유번호는 타 업종에 비해 가장 많은 24가지나 된다. 모든 업종들 사이의 맏형이라고 할까. 따라서 4차 산업혁명 시대의 이직 전략을 세우기 위해서는 우선 모든 산업의 기본이 되는 제조업 분야에서 어떤 혁신이 일어나고 있는지를 포지션 중심으로 알아볼 필요가 있다.

포지션 1. 커넥티비티

커넥티비티(Connectivity)란 말 그대로 서로 다른 기종을 연결하는 기능으로 호환성을 향상시키는 시스템을 일컫는다. 자동차 안에서 주파수를 이용해 라디오를 듣거나 전화 통화를 하는 것, 집에 켜놓고 온 TV를 출근길에 스마트폰에 있는 앱으로 끄는 것, 외출 중에 냉장고와 텔레비전 및 세탁기 등을 스마트기기로 제어하는 것, TV 광고에서 볼 수 있듯이 '안방의 형광등이 켜져 있는지, 출근할 때 에어컨은 끄고 왔는지'를 확인하고 원격으로 제어하는 시스템 기능을 말한다.

외국의 한 가전제품업체가 생산한 세탁기에는 세탁 중에 세제가 떨어지면 자동으로 세제를 주문해 주는 기능이 탑재되어 있다. 물론 요즘은 냉장고에도 이런 기능이 탑재되어 있어, 음식 재료들 중 어느 한 가지가 떨어지면 곧바로 마트로 주문서가 전송되기도 한다. 이런 커넥티비티 기술로 인해 소비자들은 점점 더 편리한 디지털 세계를 경험하게 되었다.

기업은 변화를 요구하는 소비자 패턴에 대응하여 시장에 맞는 기술을 개발하고 탑재하기 위한 인재를 필요로 한다. 이 포지션에서 기업이 원하는 인재는 아이디어 회의에서 완성 단계까지 누군가의 지시를 받는 것이 아니라 스스로 동기부여 하며 개발 업무를 수행할 수 있는 인재다. 이런 인재가 자신의 역량을 마음껏 발휘할 수 있도록 기업도 자유롭게 아이디어를 제시하고 창조적으로 개발하는 환경을 조성해 주기 위해 노력하고 있다.

포지션 2. 3D 프린팅 시스템

3D 프린팅은 주로 시제품 제작을 위해 사용되어 왔으나 앞으로는 제조용 툴링을 제작하는 데 많이 활용되고 있다. 금속가공업체는 기존의 생산 공정에서 부품이나 제품의 이동에 쓰이는 도구나 받침대 등을 주로 금속으로 만들었지만, 이제는 3D프린터로 출력해 사용하면서 금속가공에 걸리는 시간이 크게 단축되고 비용도 절감할 수 있게 되었다.

미국의 포드사는 자동차업계 최초로 세계 1위의 3D 프린터 제조업체인 스트라타시스와 협업했다. 이들은 이제 3D 프린팅 기술을 활용해 자동차 부품을 생산한다.

물론 기존의 자동차 기종을 위한 애프터서비스를 위해 각 모델별 부품을 일정 기간 재고로 보관해 두어야 하지만, 앞으로 생산되는 기종은 모두 소비자 수요가 있을 때마다 그때그때 부품을 생산한다. 따라서 향후 자동차와 가전제품 제조사들은 제품이나 제공품을 쌓아 두면서 생기는 재고관리 리스크를 현저히 줄일 수 있게 되었다. 이런 분위기로 가다 보면 나중에는 과도한 창고 보관 시스템 자체가 사라질 것이다.

3D 프린팅 시스템이 제조업 전반에 적용되면, 공장 내 생산라인에 종사하던 노동자의 일자리는 물론 각종 제품을 보관하고 유통하던 물류업 종사자의 일자리도 현저히 줄어든다. 하지만 3D 시스템

개발, 영업 포지션 등은 앞으로 더욱 기하급수적으로 늘어날 것이므로, 이 분야에 대한 깊은 이해를 동반한다면 이직을 준비하는 데큰 도움이 될 것이다.

포지션 3. 자동화 소프트웨어

생산관리시스템(MES), 재료제어시스템(MCS), 고장탐지 및 첨단공정제어(APC), 공정이상감지시스템(FDC) 등의 자동화 소프트웨어(Applied Material) 개발 포지션은 제조업 전 분야로 확대되는 추세다. 자동으로 생산하고 스스로 이상을 감지하며 제어할 수 있는 스마트 팩토리를 위한 기초 단계로 공장의 자동화 설비라인에 사용될 다양한 소프트웨어가 필요해짐에 따라, 이에 따른 개발자 포지션이 점점 늘어나고 있다.

핵심역량

제조기업이 원하는 인재의 핵심역량은 크게 3가지로 나뉜다. 디지털 환경에서의 문제해결 능력, 다변화되는 시장에 대한 이해와 통찰 능력, 빅데이터를 활용한 다양한 전략 수립과 마케팅 계획 수립 및 협업 능력이다.

핵심역량 1. 디지털 생태계에 적합한 문제해결 능력

앞에서도 언급했지만 예전에는 기업이 채용 후보자와 인터뷰를 할 때 주로 대면 면접을 하거나 부득이한 경우 전화 면접을 진행했다. 최근에는 '앱을 통한 디지털 인터뷰' 방식이 하나 더 추가됐다. 스마트폰 앱을 실행한 뒤, 휴대폰 화면에 보이는 카메라를 보고 질문에 답변하면 자체 녹화된 영상이 자동으로 기업의 채용 담당자에게 전송되는 시스템이다. 앱을 통해 전송된 인터뷰 파일을 보고 기업의 채용 담당자는 1차 인터뷰 합격 여부를 판가름한다.

최근 들어 기업은 대면 면접을 통한 인재 검증 방식도 달리하고 있다. 기존에는 주로 입사하게 되면 향후 계획이 무엇인지, 본인의 성격에서 장단점은 무엇인지 등을 물었다. 하지만 이제는 업무와 관련된 구체적인 사례를 제시하고 그 문제에 대해 어떤 해법을 제시할 수 있는지를 보는 경우가 많다. 면접관들은 후보자의 문제해결 방식이 얼마나 창의적이고 논리적인가를 유심히 지켜본다.

면접 추세가 이러하니 요즘 채용 후보자들은 역할극 면접이 주어질 경우 아주 어려워한다. 역할극 면접이란 회사에서 실제로 일어날 수 있는 일에 대해 순발력, 대처 능력, 리더십, 상황에 대한 이해도를 알아볼 수 있는 평가 방법 중 하나로, 후보자에게 특정 역힐이 주어진다. 예를 들어 '동기부여가 부족한 직원을 어떻게 다룰 것인가?'라는 주제가 주어진 경우, 면접관이 상대 역할을 맡아 역할극을 펼치는 방식이다.

면접관은 스스로 문제를 해결하려 하지 않고 회피하려는 태도를 가진 부하 직원 역을 맡아, 자신의 상사 역할을 맡은 후보자를 최대한 당황하게 만드는 질문을 한다. 그때 전략적이며 체계적인 리더십을 보여 주며 부하 직원 역할을 맡은 면접관을 잘 설득할 수 있으면 좋은 점수를 받는다. 하지만 업무 후 술 한잔 사 주며 이야기를 들어 준다는 식으로 지나치게 관계 의존적으로 문제를 해결하려 한다면 마지막 관문에서 떨어지기 쉽다.

엔지니어의 경우는 면접에서 직접 프로그램을 설계하게 하거나 사용자 경험 디자인(User Experience Design)에 대한 경험과 능력을 평가하기도 한다. 이는 과거에는 없던 기술 면접으로, 후보자의 실제 업무 능력을 검증해 현장에 빨리 투입하고자 할 때 주로 쓰인다.

핵심역량 2. 시장에 대한 통찰력

글로벌 기업은 채용 후보자를 인터뷰할 때 반드시 직무 전문성과 적합성을 확인한다. 이를 위해 보통 3~4차례 이상 인터뷰한다. 대부분 마지막 인터뷰 관문은 해당 산업에 대한 통찰력과 시장에 대한 이해를 바탕으로 전략을 구현하는 프레젠테이션이다.

직무와 시장에 대한 깊은 통찰이 없다면 경쟁을 통과하기 어렵다. 따라서 자신이 속한 분야, 이직을 원하는 분야에 대한 이해도를 높이는 데 주력할 필요가 있다. 업계를 한눈에 꿰고 있어서 마치 지도를 보듯 표현할 수 있다면, 시장 동향과 흐름은 물론 그 안에서 남들이 보지 못하는 통찰력을 지속적으로 제시할 수 있기 때문이다.

특히 기업이 인재를 선발할 때는 업무 지식을 제대로 갖추고 있는지, 리더십은 있는지, 문제해결 능력은 충분한지, 새로운 문화에 대한 적응력은 부족함이 없는지 등을 파악하기 위해 심층 면접을 진행한다. 이를 통해 후보자가 회사와 조직에서 시너지를 낼 수 있는 인재인지 아닌지를 판별한다.

핵심역량 3. 빅데이터 분석 역량

최근 기업에서 의뢰하는 거의 모든 포지션에 등장하는 대표적인 자격 조건은 단연 데이터 분석 역량이다. 데이터 분석 역량은 이제 어떤 특정 직무에 필요한 것이 아니라 모든 포지션에서 요구되는 기본 역량이 되었다.

커넥티비티 분야를 보면 '고객이 있는 모든 곳'에 데이터가 있고 '데이터 통찰'이 있는 모든 곳에서 혁신이 나타나고 있다. 자동차를 예로 들면, 앞으로 당신이 타고 다니는 자동차의 계기판이 '엔진오일을 교체해야 할 시기'라고 알릴 때마다 이미 단골 정비소에서 당신의 핸드폰으로 '고객님, 언제 방문 일정을 잡을까요?'라는 문자를 보내는 식이다.

자동차 안에 국한된 계기판 메시지를 하나의 데이터로 볼 때, 수많은 자동차에 존재하는 각각의 데이터를 하나로 통합하고 그 빅데이터를 오프라인 정비 서비스와 연결해 보다 편리한 고객서비스를 창출하는 이 모든 일이 어쩌면 당신의 명석한 데이터 분석 역량에 달려 있을 것이다.

제조업 분야의 생산 관리에서도 데이터 분석 역량은 매우 중요하다. 스페인에 본거지를 둔 패스트 패션 브랜드 자라는 새 디자인 제품을 시험적으로 극소량만 생산하여 출시한 뒤 실제 판매 데이터에 근거해 추가 생산을 결정한다. 이러한 방법으로 재고를 최소화하고 고객이 원하는 시점에 맞춰 추가 생산 계획을 수립하면서 새로운 시장과 제품 생태계를 만들어 가고 있다. 이는 데이터가 마케팅뿐 아니라 상품기획 단계부터 얼마나 중요한지를 보여 주는 단적인 예다.

물론 데이터 분석은 예전에도 있었던 업무지만 기술의 진보로 빅데이터 저장 및 분석이 가능해지면서 업무 요구 역량도 크게 달라졌다. 기존에 각 기업에서 보유한 데이터뿐 아니라 SNS 데이터, 모바일 앱 로그 데이터 등 비정형 빅데이터 분석을 위한 전문가 수요가 더욱 커졌다.

채용 및 이직 사례

최근 진행하고 있는 독일계 자동차 솔루션기업의 채용 프로젝트 사례를 공유한다.

1. 채용 포지션: 첨단운전자지원시스템(ADAS) 솔루션 세일즈

2. 담당 업무

　- ADAS 솔루션에 대한 신시장 개척 및 세일즈팀 리딩

　- ADAS 제품에 특화된 고객을 비즈니스 영역에 맞춰 1:1 컨설팅

3. 자격 요건

　- ADAS 솔루션에 대한 이해가 높은 자

　- 고객 및 본사와 커뮤니케이션이 원활한 자

　- 설득력과 협상력이 뛰어난 자

　- 무에서 유를 창조할 수 있는 자

4. 우대 사항

　- 현재 테크니컬팀을 이끌 만한 기술 리더십을 가진 자

　- 주어진 일을 수행하는 것이 아니라 스스로 일를 만드는 자

이 기업은 자동차 설계 도구 및 전장장치 소프트웨어를 개발하고 있다. 자율주행 시대의 흐름에 맞게 ADAS 솔루션을 시장에 선보였

다. 채용을 의뢰한 이 고객사는 ADAS의 통합, 운전자 정보 및 인포테인먼트(infortainment, 정보 information 오락 Entertainment의 합성어), 자동차 안전규격의 채택, 차량 내 이더넷(Ethernet) 설계부터 성능 테스트까지 전체 프로세스를 돕는 솔루션을 보유하고 있다. 그중에서도 ADAS 관련 부품 설계 도구와 성능 테스트 솔루션에 대해 고객 비즈니스 영역에 맞춰 컨설팅이 가능한 테크니컬 리더 겸 세일즈 리더가 필요했다.

우선 두 부류의 후보자군을 선발하였다. 한 부류는 자동차 솔루션기업의 기술영업 담당자들이었고, 다른 부류는 ADAS 핵심부품인 센서와 카메라 개발자 및 기술영업 담당자들이었다. 전자의 후보자군에는 자동차 솔루션회사 출신 영업 담당자가 있었는데, 경쟁사 대비 연봉 수준이 높지 않은 데다 보유한 기술력도 유사하여 동종업계 후보자군은 일단 추천 대상에서 제외하였다.

결국 자동차 부품업계에서 ADAS 관련 부품 영업을 해 본 경험자 가운데 팀을 이끌어 본 경험이 있으며 영어 커뮤니케이션 역량이 뛰어난 후보 2인이 최종 후보로 추천되었다. 최종 2인을 추천하기 전 후보자들과의 사전 인터뷰 과정에서는 사실 그들의 역량과 기량을 검증하기가 쉽지 않았다. 대개 영업 포지션에 종사한 경험이 있다고 하면, 최근 몇 년 사이 영업 성과와 신시장 개척 성과를 확인하거나 고객사 발굴에 대한 실적을 주요 평가 기준으로 삼는다. 그러나 이번 사례의 경우는 달랐다. ADAS는 현재 자동차 부품사를 중심으로 관련 센서나 카메라를 개발 중인 단계로, 아직 상용화 단계가 아니라 후보자들의 영업 성과를 직접 검증할 방법이 없었다. 후보자들은 저마다 자기가 ADAS 전문가라고 주장했지만 그 역량 검증이 쉽지는 않았다.

이 포지션은 면접 과정에서 후보자에 대한 직무나 역량 평가 및 검증이 다각도로 진행될 예정이다.

직무나 역량 검증 인터뷰 예상 질문

1. 향후 5년 이내 ADAS의 기술 발전 방향은 무엇인가?

2. 우리가 고려해야 할 ADAS 트렌드가 있는가?

3. 트렌드에서 우리 기업이 놓치지 않아야 할 항목은 무엇인가?

4. 당신이 지원한 이 포지션이 향후 회사와 팀에 어떤 역할을 할 것이라고 생각하는가?

5. 경쟁사와 비교해 부족한 기술력은 무엇이라고 생각하는가?

6. 향후 ADAS는 어떻게 변화하겠는가?

최근에는 인터뷰 과정에서 후보자의 논리적 접근 방법을 확인하기 위해 다양한 사례 위주의 질문을 많이 사용한다. 특정한 상황에서 후보자라면 어떻게 하겠는가에 대한 인터뷰가 많은데, 정답이 정해진 것은 아니니 각자가 경험한 그간의 업무 특성에 맞게 해결책을 논리적으로 제시하면 된다.

향후 ADAS 포지션

ADAS의 핵심 기능 세 가지는 Distance Warning(앞차와의 거리 경고, 조절), E-Call Telematics(긴급구난용 텔레매틱스), LDWS(차선 이탈 경보 시스템)다. 이를 기본으로 기술적 측면에서 인지, 판단, 제어라는 세부 분야로 나뉜다. 카메라, 레이다, 라이다 같은 센서를 사용하여 장애물, 도로표식, 교통신호를 인식하는 인지 분야, 인지된 신호들을 효율적으로 분석하여 차량에게 행동 지시를 내리는 판단 분야, 마지막으로 지시된 행동을 수행하기 위해 조향과 가감속을 조절하는 제어 분야다.

앞으로 ADAS관련 시장규모는 더 커질 전망이다. 이에 따라 채용 기회도 증가할 것이다. 이 분야에 관심이 있는 직장인이라면 인지, 판단, 제어 분야의 최신 기술 동향을 놓치지 않고 전문성을 강화해 가면 좋겠다.

정보통신기술업

　정보통신기술(ICT, Information and Communication Technology)업계에서 최근 가장 뜨거운 이슈는 디지털 트랜스포메이션이다. 변화와 변신을 의미하는 트랜스포메이션(Transformation)이란 단어는 '근본적인(Radical)' 변화와 혁신을 의미하므로, 디지털 트랜스포메이션이란 디지털을 기반으로 기업의 전략, 조직, 프로세스, 비즈니스 모델, 기업문화, 커뮤니케이션, 시스템을 근본적으로 변화시키는 경영 전략을 말한다.

　최근 진행되는 인재 채용 프로젝트 가운데 인재 수요가 가장 많은 곳이 바로 ICT 분야이기 때문에 이 맥락에서 인공지능, 빅데이터, 클라우드, 사물인터넷, 로봇, 자율주행과 같은 4차 산업혁명 기술의 방향을 이해할 필요가 있다.

또한 국내외 대표 ICT 기업은 물론이고 소비재, 유통, 금융, 엔터테인먼트 분야에 이르기까지 거의 모든 산업에서 ICT를 접목한 변화가 일어나고 있다. 인재 채용 현장에서 헤드헌터가 체감하는 변화는 훨씬 더 다이내믹하다.

금융, 유통, 제조 분야의 회사들은 최근 데이터 사이언티스트를 대거 채용하고 있다. 심지어 「하버드비즈니스리뷰」는 데이터 사이언티스트를 '21세기의 가장 섹시한 직업'으로 평가했다. 머신 러닝, 텍스트 마이닝, 자연어 처리, 이미지 등 분야별로 세분화된 역량을 갖춘 인재에 대한 채용 수요가 늘면서 이 분야의 인재 시장을 달구고 있다.

화장품, 의류, 생활용품을 생산하고 유통하는 소비재기업들도 ICT 전문 인력을 활발하게 채용하고 있다. 4차 산업혁명과 연관이 없어 보이는 어느 대형 엔터테인먼트기업에서는 최근 인공지능 개발자를 직접 채용하기도 했다. 모든 산업 분야에서 전략적으로 ICT 관련 인재를 선발하고 있는 것이다.

ICT업계의 인재들 또한 자신이 속한 산업 분야에 국한되지 않고 특이하고 흥미로운 프로젝트에 관심을 보이며 이종산업으로 이동하는 경향을 보이고 있다.

4차 산업혁명이 단순히 스마트팩토리를 세우고 로봇이 생산을 대체하는 데 그치지 않기 때문이다. 새로운 기술은 우리가 미처 상상하지 못했던 일상의 변화를 이끌어 내는 동력이다. 이러한 동력들이 산업 간의 융합을 촉진하고 있다.

해당 분야의 후보자들과 인터뷰를 진행하다 보면 그들이 원하는 커리어 방향과 산업 트렌드를 읽을 수 있는데, 이 중 한 가지 주목할 점은 인재들이 지향하는 커리어 방향과 기업이 채용하고자 하는 인재 사이에 간극이 존재한다는 점이다.

개발자의 경우 크게 '선행연구'와 '제품개발' 분야로 포지션을 구분할 수 있는데, 역량 있는 많은 후보자들은 선행연구 파트를 선호하는 경향을 보인다. 4차 산업혁명이 가속화되면서 이런 현상은 점점 뚜렷해지고 있다. 상용화 제품개발 분야는 실제로 제품 생산이 가능하도록 하는 업무가 대부분인 반면, 선행연구의 분야는 보다 장기적인 관점에서 미래의 핵심기술 분야에 폭넓게 접근할 수 있기 때문이다.

국내뿐 아니라 해외에서도 많은 인재가 기업부설연구소나 선행개발팀 같은 장기 연구집단에서 일하고자 하는 경향이 있다. MIT 연구소 같은 랩은 핵심기술에 대한 연구를 수행할 때 기업이 그 결과에 대한 비용을 지불하고 상용 개발을 지원하는 시스템이 일반화되어 있다. 이런 식으로 연구 인력들이 육성되고 있는 것이다. 하지만 국내에서는 연구개발에 대한 인적·물적 자원의 투자가 꾸준히 늘고 있음에도 불구하고 아직까지는 선행연구보다 제품개발 분야의 채용이 훨씬 더 많다.

국내 4차 산업혁명 기술 수준은 아직 선진국에 비해 뒤처져 있다. 한 글로벌 컨설팅회사의 센터장은 한국의 인공지능과 머신러닝의 기술 수준이 외국에 비해 낮은 편이라, 오히려 적은 투자로 빠르게 성장할 수 있는 빅데이터 분야에 집중하는 전략이 유리할 것이라 조언하기도 한다.

선행연구와 관련해서 일본은 장기불황 시대에도 꾸준히 기초과학 및 연구 분야에 집중적으로 투자해 현재 타의 추종을 불허하는 인공지능 기술력을 갖게 되었다. 현재 일본은 인공지능 기술 개발 영역이 실생활 영역으로 확장되어 무인 호텔 같은 서비스 산업과 무인 농업 기술 같은 농업 생산 현장에서의 상용화 기술도 상당히 발달했다. 실생활에서는 인공지능 기술이 병원의 수술대까지 상용화되어 있어 한국과 큰 차이가 난다. 한국이 제품 개발에 집중하는 사이, 일본은 장기적 관점에서 지속적으로 선행연구 분야를 개척해왔고 그 결과 4차 산업혁명 시대에 유리한 위치를 차지하게 된 것이다.

기업 입장에서 가시적인 성과를 내는 것은 매우 중요하다. 국내 기업도 선행개발팀 같은 연구개발센터를 만들어 연구에 박차를 가하고 있는 건 사실이지만 장기적으로 10년 후를 내다보며 연구할 수 있는 인재를 키워 내는 시스템인지는 깊이 생각해 볼 필요가 있다. 국가 경쟁력 측면에서 봤을 때도 향후 수십 년을 책임질 수 있는 4차 산업혁명의 연구 인프라가 필요한 시점이다. 그런 면에서 후보자들이 지향하고 있는 커리어의 방향은 좀 더 미래지향적일 필요가 있다.

ICT업계의 인재 시장 트렌드

ICT업계 인재 시장의 화두는 한마디로 A, B, C다. 인공지능(AI)의 A, 빅데이터(Big Data)의 B, 클라우드(Cloud)의 C다. 세 분야와 관련된 회사들이 빠르게 성장하고 있다. 이에 따라 관련된 전문가 수요도 빠르게 증가하고 있다.

현재는 관련 전문가가 턱없이 부족하다. IT, 전기전자, 소비재, 온라인 서비스, 모바일 서비스, 금융, 제조 등 많은 업종에서 기업들은 ICT 전문가를 찾고 있다. 물론 몇 년이 지나면 옥석이 가려질 것이고, 급하게 생겨난 회사들 가운데 정말 좋은 인력을 확보한 회사만 살아남을 가능성이 크다.

트렌드 1. 인공지능

아직까지 인공지능 시장규모는 큰 편이 아니다. 하지만 글로벌 인공지능 시장규모는 2016년 약 7천 500억 달러에서 2025년에는 43조 달러로 성장할 것으로 예상된다(출처:Tractica). 국내 인공지능 시장규모는 2018년 7조 5천억 원에서 2020년 11조 원으로 성장할 전망이다(출처: 미래창조과학부, 2016). 인공지능과 연관된 로봇 기술 사업은 이미 전 산업으로 확장되고 있다. 이와 관련해 이미 국내 대부분의 대기업이 전담 부서를 설립한 지 오래다.

국내에서는 이미 하드웨어와 소프트웨어기업 간의 장벽이 사라지면서 네이버 같은 인터넷 서비스기업들도 생활로봇 연구개발을 시작했다. 네이버는 세계적인 인공지능 연구소인 제록스리서치센터유럽(XRCE, 지금의 네이버랩스유럽)을 인수하고 프랑스의 하이엔드 음향기술업체인 드비알레에 투자하는 등 인공지능 기술의 연구 투자를 확대하고 있다. 네이버랩스는 인공지능, 자율주행, 머신러닝, 컴퓨터 비전 등 다양한 분야에서 미래 기술을 연구하고 있다.

삼성전자는 인공지능 관련 소프트웨어 개발에 주력해 이미 인공지능 비서 빅스비(Bixby)를 선보이면서 스마트폰, 스마트 TV 및 가전제품에 탑재하기 시작했다. 빅스비는 지난해 삼성전자가 인수한 인공지능 개발업체 비브랩스의 기술까지 통합해 자연어 인식 능력을 높였으며 2.0 버전이 스마트 TV에 탑재되기도 했다. 삼성전자는 관련 기업 투자에 눈을 돌린 지 오래다. 인공지능과 관련해 투자한 기업 수만 해도 2017년 말을 기준으로 18개 기업에 달한다. 앞으로 도 삼성그룹은 전자 부분의 전체 포트폴리오에서 인공지능 투자 비중을 꾸준히 늘리겠다는 전략이다.

4차 산업혁명 시대의 인재 채용과 관련해 삼성전자는 이미 무선사업부에 인공지능 부서를 신설하고 산하에 빅데이터팀, 자연어처리팀, 음성인식팀, 머신러닝팀 등 세분화된 조직을 구성하였다. 한국인뿐 아니라 외국인도 채용하면서 공격적으로 인재들을 선발해 조직을 강화하고 있다.

주목할 점은 우리의 생활과 밀접한 다음카카오와의 업무 제휴다. 다음카카오는 카카오톡과 플랫폼 카카오 아이(I)를 삼성전자 생활가전 제품과 접목해 생활가전 제품을 제어할 수 있는 프로젝트를 진행했다. 플랫폼은 하나지만 그 안의 기술은 수백 가지에 이르는 이종산업 간의 기술 융합이다. 이제 어느 한 기업이 기술을 독점하는 시대가 저물어 가고 있다.

이렇게 인공지능 분야의 인재 전쟁도 본격화되었다. 기존의 모바일, 온라인, 게임 회사뿐 아니라 스타트업에서도 인공지능 전문가의 수요는 급증하고 있다. 특히 ICT기업들은 인공지능연구개발센터나 인공지능브레인팀 등을 만들어 자연어 처리, 음성인식, 기계학습을 통한 로봇-머신 비전, 인공지능 서비스 기획 분야의 인재들을 채용하고 있다. 이미 많은 기업의 필수 전략으로 자리 잡은 인공지능 분야에서 큰 변화가 예측되고 있어, 국내 뿐 아니라 해외 박사급 인재 영입에도 치열한 경쟁이 벌어지고 있다.

〈국내 주요 ICT업체 미래 성장 전략〉

삼성전자	빅스비 2.0을 통한 AI 플랫폼 확대 전략. 카카오와 손잡고 AI 학습을 위한 다량의 빅데이터 확보
네이버	공격적 인수합병 통한 성장동력 확보, LG전자와 손잡고 가정용 AI 시장 공략. YG엔터테인먼트, 미래에셋대우 등 다양한 업체와 제휴
다음카카오	AI 개방 전략 통한 우군 확보, 국내 1위 음악 서비스 멜론을 기반으로 한 AI 스피커 시장 장악
SK텔레콤	AI 플랫폼 '누구'를 통해 한국의 아마존으로 거듭난다는 계획, SM 엔터테인먼트 등과 손잡고 콘텐츠 부문 강화
KT	AI 스피커 '기가지니'로 유무선 AI 시장을 장악, LG유플러스와 손잡고 국내 통신시장 경쟁력 강화
SK C&C	IBM의 '왓슨'을 적용한 자체 AI 플랫폼 '에이브릴'을 통해 기업 간 거래 (B2B) 시장 공략

출처: 각사 종합 보도자료

트렌드 2. 빅데이터

빅데이터 이전에도 데이터를 수집하고 분석하여 고객 수요를 예측하는 개념은 존재했다. 예를 들어 오래전부터 CRM과 같은 정보 분석 툴을 활용한 고객관리 업무가 존재했다. 하지만 측정할 수 있는 데이터의 양이 무한대에 가깝게 커지면서 빅데이터 개념이 등장했고 이로 인해 데이터 분석의 의미 또한 변화하기 시작했다. 제한된 영역에서 고객을 몇몇 그룹으로 분류하고 각 타깃에 맞는 플랜을 제시하던 기존의 CRM 차원을 넘어, 이제는 고객의 모든 행동 데이터를 통합적으로 수집·분석하고 이를 마케팅이나 기업 전략에 적용하는 방식으로 진화한 것이다.

빅데이터의 등장은 데이터를 기반으로 하는 모든 산업 분야의 직종 간 경계를 허물었다. 4차 산업혁명을 기점으로 직무와 산업 간 교차가 확산되면서 우선 융합이 가장 중요한 키워드로 떠올랐다. 과거에는 데이터 사이언티스트 직군이 ICT 산업에 국한되어 있었다면 지금은 소비재, 금융, 제조 등 전 산업에서 필요로 하게 된 것처럼 말이다. 특정 분야에 국한되었던 직무가 다양한 산업으로 확장되는 현상은 데이터 전문가의 업무 방식도 변화시켰다.

빅데이터 업무 프로세스는 크게 수집, 처리, 분석을 거치는데 기존에는 이러한 가공 단계를 모두 다룰 수 있는 사람이 많지 않았다. 수집, 처리, 분석이 분리되어 독자적인 업무로 수행되었고, 그래서 통합적 업무는 컨설팅회사나 SI회사 등에 외주를 맡기는 경우가 많았다. 하지만 지금은 빅데이터 전문가들이 데이터를 직접 다루고 가공할 수 있는 전문 인력으로 성장하고 있다. 기업도 이들을 통해 기존에는 할 수 없었던 데이터 중심의 혁신 전략을 수립할 수 있게 되었다.

빅데이터 전문가는 기업에서 데이터 수집, 처리, 분석의 전 단계를 통합적으로 관리한다. 이런 단계를 거쳐 얻은 결과를 어떻게 기업 전략 및 운영 계획에 통합해야 하는지도 고려해야 한다. 과거에 비하면 전천후 능력이라고 하지 않을 수 없다. 최근 5년간 클라우데라(Cloudera), 호튼웍스(Hortonworks), 스플렁크(Splunk) 등과 같은 빅데이터 솔루션기업이 이런 인재를 찾아 왔다.

최근에는 온라인 쇼핑몰, 게임, 패션, 유통같이 특정 사업 영역에서 맞춤형으로 데이터를 처리하고 가공하는 전문 솔루션들이 개발되고 있다. 빅데이터를 활용해 온라인이나 모바일 광고 솔루션을 제공하는 소규모 회사의 창업도 활발하다. 이런 회사들은 빅데이터를 어떻게 사업에 활용할 수 있을지를 제시하기도 한다. 실제 사업 기획, 제품 생산, 플랫폼 개발, 마케팅 플랜에 이르기까지 다양한 솔루션을 제공한다. 이런 전문 업체를 활용하는 기업들도 기본적으로는 내부에 데이터 사이언티스트를 채용하고 외부 전문 업체와 함께 일을 처리하고 있다.

이런 흐름에 따라 데이터 수집에서 분석까지를 모두 처리할 수 있는 전문 인력에 대한 수요가 커졌다. 실제로 최근에는 외국계 유명 소비재회사들로부터 데이터 사이언티스트의 채용 의뢰가 빈번했고, 이 중 다수는 채용을 진행하여 성공했다.

트렌드 3. 클라우드

기업이든 개인이든 요즘은 방대한 데이터를 서버와 같은 하드웨어에 물리적으로 저장해 두는 게 쉽지 않다. 그러다 보니 공간과 시간의 제약을 초월해 언제 어디서든 데이터와 정보에 접근하고자 하는 서비스와 그에 대한 니즈가 커졌다. 이런 니즈를 충족하기 위해 가상화 개념이 탄생했고 이를 가능하게 한 IT 사용 방식이 바로 클라우드다.

클라우드는 하드웨어, 소프트웨어, 데이터 같은 IT 자원을 인터넷의 가상 공간에서 분산 처리하고 네트워크를 통해 공유하거나 가공할 수 있게 하는 환경을 말한다. 따라서 IT 분야에서 매우 중요한 트렌드로 부각되고 있다.

이미 업계에는 클라우드 솔루션기업들이 급격히 늘어났다. IBM, 오라클, 에스에이피(SAP), 시스코, 델, 이엠씨(EMC), 휴렛팩커드 등 대표적인 IT기업들이 클라우드에서 구현할 수 있는 솔루션을 개발해 공급하고 있다. 방대한 데이터를 보유하고 있는 대기업과 중견기업 중 일부는 자체 클라우드 시스템을 개발해 구축하고 있으며, 아마존웹서비스, 마이크로소프트, 구글은 가장 대표적인 클라우드 서비스업체로 꼽힌다. 오라클, 마이크로소프트, 에스에이피 등 외국계 기업들은 클라우드 비즈니스 외의 다른 사업영역을 축소하겠다는 발표를 하기도 했다.

클라우드 서비스는 두 가지로 구분된다. 제공 대상에 따라서 불특정 다수의 개인이나 기업에게 제공되는 공용(Public) 클라우드 서비스와, 특정 기업이나 기관에서 직접 클라우드를 구축하여 내부 이용자들에게만 제공하는 사설(Private) 클라우드 서비스다. 국내에서는 사설 클라우드 분야의 시장이 어느 정도 구축되었다고 볼 수 있다. 우리는 일상에서 흔히 사용하는 스마트폰과 태블릿컴퓨터를 통해 클라우드에 접속하여 콘텐츠를 보관하고 언제든지 다운받아 재생할 수 있다. 선진국의 경우는 이 두 서비스 시장이 이미 성숙 단계에 이르렀다.

공용 클라우드 서비스 시장에 대한 외국계 기업들의 국내 진출 역시 활발하다. 아마존웹서비스, 마이크로소프트, 구글 같은 회사들은 벌써부터 국내 기업 고객 확보를 위해 경쟁하고 있다. 초기 국내 기업들은 상품개발 정보, 고객정보, 생산정보 등 기업의 주요 기밀에 대한 보안 문제에 민감하여 공용 클라우드 서비스 이용에 회의적이었다. 하지만 최근 미국 등 선진국의 사례를 접하며 점차 보안 이슈에 대한 신뢰를 회복했고 특히 큰 폭으로 비용을 절감할 수 있어, 긍정적으로 보고 있다.

외국계 기업은 이미 공용 클라우드가 일반화되어 있고 국내 기업은 점차 공용 클라우드 시장으로 넘어가는 중이다. 이에 따라 클라우드 시장의 향후 국내 성장 가능성은 매우 높아 보인다. 이러한 시장 변화에 따라 클라우드 관련 인재 시장도 넓어지고 있다. 엔지니어, 개발자, 시스템 구축 및 운영자에 이르기까지 관련 인재에 대한 수요는 가히 폭발적이다.

이미 시장을 선점한 몇몇 대기업들은 클라우드 관련 인력을 많이 채용했다. 규모가 작은 회사들도 클라우드 서비스 이용 혹은 구축을 위해 전문 인력을 계속 영입하고 있다. 산업 트렌드와 일자리가 계속 바뀌고 변화하지만 이 분야의 인재에 대한 수요는 지속적으로 증가할 것이므로, 전문 지식과 경험이 있다면 다양한 기회를 잡을 수 있다.

주요 포지션

ICT업계의 인재 시장은 세 가지 포지션으로 나뉜다. 데이터 사이언티스트, 로봇 엔지니어, 인공지능 엔지니어다. 특히 4차 산업혁명을 주도하고 있는 두 가지 기술인 인공지능과 로봇 기술의 발전이 가능하게 된 배경이자 근원인 빅데이터 전문가 포지션은 매우 중요하다.

포지션 1. 데이터 사이언티스트

앞에서 이미 언급했지만 과거에는 데이터를 수집, 분석, 가공하는 역할이 각각 분리되어 있었다. 따라서 각각의 업무 단계에 따라

나름 전문성을 인정받을 수 있었다. 하지만 데이터 사이언티스트는 데이터를 수집, 분석, 가공하는 프로세스뿐 아니라 가공한 결과를 토대로 실행 계획까지 제시할 수 있는 전천후 인재를 말한다. 최근 이러한 인재 수요가 모든 산업에 걸쳐 커지고 있다. 하지만 국내 인재 풀은 아직까지 이런 수요를 감당할 정도로 충분치 않다.

포지션 2. 로봇 엔지니어

로봇과 자동화 시스템에 관련된 인재 수요가 큰 폭으로 증가하고 있다. 로봇 기술을 개발하고 연구하는 엔지니어뿐 아니라 로봇 시스템의 도입과 관련해 새로운 일자리도 많이 생겨나고 있기 때문이다.

그중 한 가지 사례가 바로 로봇 시스템을 어디에 도입해야 하는지 판단하는 전문가 직군이다. 생산라인과 비생산라인에서 로봇기술을 어떻게 활용할 지를 판단하고, 로봇 도입으로 효율을 높일 수 있는 부분을 찾아 로봇 자동화 시스템을 효과적으로 배치할 수 있는 전문가가 필요하다.

이런 전문가들은 일반적으로 로보틱스 환경이 잘 갖춰진 제조 환경에서 자동화 시스템을 설계해 본 경력이 있어야 한다. 아직까지는 국내에 인력이 충분하지 않아 외국인 채용이 활발히 이루어지고 있다.

포지션 3. 인공지능 엔지니어

인공지능 분야와 관련한 국내 선두 기업은 SKT와 네이버를 꼽을수 있다. 이들 기업은 자체적으로 다양한 인공지능센터를 두고 있다. 여기서 인공지능 관련 신기술을 연구하거나 저명 학회 발표 및저널 출판 등을 진행하며 국내 인공지능 시장의 트렌드를 주도하고있다.

특히 네이버는 인간의 오감을 활용한 인공지능 플랫폼을 목표로음성인식, 비주얼인식, 대화형 엔진 등 인공지능 기술이 총집결된통합 플랫폼을 연구개발 중이다. 이런 대표 기업들이 국내외 우수인력을 흡수하고 있다. 주로 컴퓨터공학을 전공한 석박사급 인재가1차 대상이며, 인공지능에 대한 개발 기간이 길지 않기 때문에 경력이 짧은 박사급 인재도 환영받는다.

IBM의 왓슨 인공지능센터, 구글의 딥마인드센터 및 페이스북과마이크로소프트의 인공지능연구소들이 세계적으로 확장되는 추세이므로 이런 선진 기업에서 경력을 쌓은 후보자들에 대한 선호도는아주 높다.

핵심역량

다른 업종과는 달리 ICT업계의 전문가가 갖춰야 할 기본기는 우선 기술에 대한 정확한 이해와 그에 기반한 상상력 및 통찰력이다. 기술에 기반한 인문학적 상상력이 기술을 넘어선 통찰을 부르고 또 인문학적 상상력을 통한 기술 구현이 새로운 세상을 만드는 동력이 기 때문이다.

핵심역량 1. 탄탄한 기본기

글로벌 기업의 경우 후보자는 면접에서 다양한 테스트를 통과해야 한다. 컴퓨터공학을 전공했어도 기술 역량뿐 아니라 업무 과정에서 발생할 수 있는 문제해결 능력, 커뮤니케이션 능력 및 기술적 상상력 같은 소양도 중요하다. 국내 기업들은 구글, 아마존, 애플 등 글로벌 선도 기업을 롤모델로 하고 있어 곧 이들 기업의 평가 기준과 방식을 도입할 것으로 보인다.

현재 국내 기업은 실무에 바로 적용할 수 있는 기술 역량을 주로 테스트한다. 가령 문제에 맞는 코딩 능력, 효율적으로 문제를 개선할 수 있는 방법 같은 실무 능력을 테스트하기 때문에, 국내 기업의 평가 방식에 익숙해진 후보자들은 기본 개념에 대한 이해도를 높이기 위한 별도의 준비가 필요하다. 실무 능력뿐 아니라 탄탄한 기본기를 동시에 갖춘 경우에만 유연하게 업무 역량을 확장할 수 있기 때문이다.

핵심역량 2. 박학다식

국내 기업은 개발 직무에서 요구하는 특정 분야 및 기술에 대한 전문성을 얼마나 갖고 있는지를 평가한다. 하지만 글로벌 기업은 개발자라도 여러 방면에 박식한 인재를 선호하는 경향이 있다.

면접에서는 인문교양, 사회성, 창의성 등을 평가하기 위한 기발한 질문들이 후보자들에게 주어진다. 4차 산업혁명 시대, 다른 사람과 차별화된 통찰력이 가장 강력한 무기가 될 수 있고 다방면에 걸친 관심과 인문학적 소양은 통찰력을 높이는 데 도움을 주기 때문이다.

박학다식뿐만 아니라 기업의 철학, 핵심가치에 대한 이해력도 중요하다. 특히 기업은 후보자가 핵심가치를 얼마나 공유할 수 있는지도 평가한다.

핵심가치에 대해서는 개인의 기존 경험을 바탕으로 실례를 들어 설명하도록 하는 경우가 많다. 이런 구조화된 면접의 경우 준비가 충분히 되어 있지 않고, 특정 기업의 가치에 대한 철학적 이해가 바탕이 되지 않는다면 큰 어려움을 느낄 수 있다. 따라서 박학다식은 물론 지원하고자 하는 업계의 현황, 지원하고 싶은 기업의 정보에 대해서도 사전에 충분히 숙지하는 노력이 필요하다.

핵심역량 3. 감성지능

감성지능이란 정서적 차원의 지수, 즉 감정을 적절히 조절하여 원

만한 인간관계를 구축할 수 있는 '마음의 지능지수'를 의미한다. 4차 산업혁명 시대에 감성지능은 기술과 동떨어져 보일 수 있다. 그럼에도 이것이 새삼 중요해지는 이유는 무엇일까? 그것은 바로 4차 산업혁명 시대의 인재상인 융합 능력의 중요성에서 찾아볼 수 있다.

4차 산업혁명 시대의 업무는 이종산업 간 교류와 다양한 직무 역할의 교합이라는 방식으로 이뤄진다. 따라서 업무 현장에서는 협업이 더욱 활발하다. 서로 이질적인 산업과 기업, 팀, 직무 사이의 장벽이 무너지면서 다양한 사람과의 융화와 원활한 커뮤니케이션이 중요한 역량으로 떠오르고 있다.

이런 인재를 채용하는 기업은 후보자의 감성지능을 평가하기 위해 과거에 경험한 바 있는 업무 사례를 중심으로 많은 질문을 한다. 그리고 이를 적절하게 표현할 수 있는 커뮤니케이션 능력 또한 중요하게 평가한다.

개발자의 경우 과거에는 기술력과 업무 성과만 좋으면 훌륭하다는 평가를 받을 수 있었다. 하지만 자기 전문 분야에 대해 셀링포인트를 찾아 효과적으로 자신을 드러내는 능력도 가져야 하는 시대다.

석박사 출신이라면 학술 발표 이력이 있는지, 특허 출원 경험이 있는지, 해당 분야의 전문가들과 프로젝트를 통해 서로 교감하고 그 안에서 업무 능력을 인정받은 경험이 있는지 등을 매우 꼼꼼하게 평가한다. 따라서 이런 포인트를 놓치지 말고 이직 전략에 고려해야 한다.

채용 및 이직 사례

채용 및 이직 사례와 관련해 최근 한 온라인 서비스기업의 데이터 애널리스트 포지션 채용을 진행한 적이 있다.

데이터베이스에 대한 중요성은 항상 강조되어 왔다. 하지만 데이터 애널리스트는 최근 들어 더욱 각광을 받기 시작했다. 저장된 데이터 중 일부를 분류하여 사람이 직접 통계를 내며 분석했던 기존 방식과 달리, 데이터 애널리스트는 다양한 분석 도구를 활용하여 방대한 데이터에서 의미를 추출한다.

이런 작업을 하기 위해서는 특정 개발 언어에 대한 전문적 이해와 공학적 지식이 필요하다. 예를 들어 대용량 데이터를 분산 처리할 수 있는 자바 기반의 오픈소스 프레임워크 하둡(Hadoop)이나 프로그래밍 언어 R, 또는 데이터베이스 관리 시스템의 데이터를 관리하기 위해 설계된 특수 목적 프로그래밍 언어 SQL 같은 개발 언어를 잘 다룰 줄 알아야 한다.

최근 데이터 애널리스트의 직무기술서에서 가장 많이 접할 수 있는 또 하나의 기술 용어는 데이터 마이닝이다. 이는 방대한 양의 데이터 가운데 숨어 있는 유용한 상관관계를 발견하여 정보를 추출하고 의사결정에 이용하는 기술이다.

이처럼 데이터 애널리스트란 공학적 지식을 바탕으로 전 방위적인 데이터를 수집하고 분석에 적합한 형태로 가공하여 데이터가 가지는 새로운 의미를 창출하는 매력적인 직업이다.

이 기업의 채용 요건은 아래와 같았다.

1. 채용 포지션: 온라인 서비스기업의 데이터 애널리스트

2. 담당 업무

- 현재 보유 데이터에서 예측 가능한 인사이트 도출

- 개인화 추천 엔진 연구 및 개발

- 지속적으로 시스템 및 알고리즘 개선

3. 자격 요건

- 지식 습득이 빠른 자

- 데이터 엔지니어와 협업이 익숙한 자

- 주어진 업무보다 스스로 문제를 찾고 해결해 나가는 자

- 최근 2년 이상 AD 또는 이커머스 경험한 자

4. 우대 사항

- 하둡 에코 시스템에 거부감 없는 자

- 자연어 처리, 텍스트 마이닝, 데이터 마이닝, 머신러닝 경력
  보유자

콘텐츠 제공 스타트업으로 시작한 이 회사는 빅데이터를 기반으로 서비스 영역 전반을 개선하고자 했다. 해당 직무를 수행하기 위해서는 고객과 관련하여 수집된 데이터를 분석할 수 있어야 한다. 그리고 어떤 데이터를 수집해서 어떻게 가공해야 어떤 분야에 적용이 가능한지를 폭넓게 판단해야 한다. 나아가 해당 산업과 서비스 기획에 대한 다양하고 창의적인 아이디어를 도출해 실행할 수 있어야 한다.

예를 들어 결제 금액, 성(sex), 주거지에 따른 분석이 가능하고 결제 패턴, 이용자의 클릭 패턴, 유입 패턴 등에 대한 분석도 필요하다. 이 같은 분석을 통해 얻은 통찰을 이해하기 쉽게 표현할 줄 알아야 하며, 새로운 개선안으로 만들어 업무 관련자들을 설득할 수 있어야 한다.

무수히 많은 데이터를 분류해 새로운 문제를 제기하고 새로운 솔루션과 가치를 창출할 수 있는 매우 중요한 역할을 수행하는 것이다. 이런 측면에서 애널리스트가 수행하는 업무 범위에는 제한이 없다.

이 직무에 지원하기 위해서는 뛰어난 기술력과 전문성도 필요하지만, 무엇보다 필요한 것은 수많은 데이터에서 유의미한 값을 찾아내는 통찰력과, 새로운 방식으로 문제를 해결하는 데 필요한 창의력이다. 그런데 국내 데이터 분석 관련 인재의 해당 업무 경력은 보통 6~7년 미만이다. 아직까지 경력이 길지 않거나, 데이터베이스

관리 업무 등 유사 업무를 수행하다가 자기계발을 통해 기술을 습득한 후 경력 전환을 시도한 경우가 많다.

입사 지원을 할 때, 다양한 소프트웨어 툴을 많이 활용해 본 경험이 유리하지만, 그보다도 한 가지 툴을 깊이 있게 다뤄 본 경험이 더 유리한 경우가 많다. 분석을 많이 할수록 안정적인 결과를 내기 위한 자신만의 노하우가 쌓이기 때문이다. 자신이 유사 영역에 있는 인재라고 판단되면 빅데이터, 소프트웨어 언어, 통계학 등의 지식과 기술을 습득하여 업무 범위를 확장하는 것이 큰 도움이 된다.

기업은 이런 인재를 검증하기 위해 실질적인 평가 방식을 활용한다. 가령 '후보자가 생각하는 문제점과 해결 방안은 무엇인가?'라는 질문에 구체적인 답을 할 수 있어야 한다. 따라서 기업에 대한 관심과 이해도가 높아야 하고, 이를 기술적인 언어로 풀어낼 수 있어야 한다.

후보자에 대한 검증평가의 50%는 공학과 기술에 집중되고, 나머지 50%는 문제해결 능력에 집중된다. 특히 과거에 어떤 방식으로 어떠한 문제를 해결해본 적이 있는지, 경험과 사례 위주의 질문을 많이 한다.

위 포지션에서 요구한 자격 요건은 '유사 업무를 2년 이상의 수행한 경험이 있고 해당 콘텐츠에 관심이 많은, 하둡에 익숙한 인재'였다. 이를 기반으로 최종 합격한 후보자를 보면, 콘텐츠의 내용과 분야는 달랐지만 유사한 형태의 웹서비스 제공 업체에서 데이터 분석과 서비스를 기획한 경력이 있었고, 무엇보다 지원 기업의 콘텐츠에 대한 애정이 있어 스스로 고객 입장에서 문제를 해결하고자 노력했던 인재였다.

최근 데이터 애널리스트라는 직무 수요가 높아지고 있지만 아직까지는 숙련된 전문가가 부족한 상황이라, 자기계발에 대한 의지만 있다면 얼마든지 도전해 볼 만하다. 하지만 단순히 기술을 습득하는 데서 그칠 것이 아니라 기술을 통해 새로운 문제를 발견하는 능력이 있는지, 기존의 틀에서 벗어나 대안을 찾아 제시할 수 있는 통찰력이 있는지를 파악하고 노력하는 것이 성공의 요인이 될 것이다.

스마트폰으로 생수를 주문하고 반찬과 요리를 배달시켜 먹는 시대다. '물류'란 말이 이제는 더 이상 과거의 노동집약적 3D 업종으로 인식되지 않는다. 쿠팡, 배달의민족, 부릉 같은 스타트업은 스마트 물류 서비스를 선보이며 미래를 선도한다. 유통기업 아마존은 물류 현장에 로봇 짐꾼 키바와 배달 드론을 투입하고 있다. 구글과 우버 역시 무인 자율주행 자동차와 운송에 막대한 연구개발 투자를 하고 있다. 물류업은 현재 글로벌 시대의 떠오르는 산업 분야로 빛나고 있다.

물류업계의 인재 시장 트렌드

물류는 물자의 이동을 다루며 운송, 수송, 창고 보관이 물류의 주요 기능이다. 인류 역사에서 대규모 물자 이동은 전쟁을 통해 일어났고, 식량과 군수물자 이동과 보관을 담당하는 병참 관리(Logistics)가 그때부터 중요하게 대두되었다. 고구려의 안시성 전투와 나폴레옹의 러시아 침공 사례를 통해 보더라도 군량미와 물자의 적기 조달은 전쟁의 승패를 좌우하는 주요 요인이었다. 근대로 넘어와서는 1차, 2차 세계대전이 물류산업 발전에 큰 기여를 했다.

1492년 콜럼버스의 대서양 횡단 이후, 근대의 대륙 간 무역 활성화를 통해 해상물류가 발달했고, 항만과 터미널 같은 물류 인프라가 구축되면서 이와 연관된 물류산업의 영역이 지속적으로 발전하게 되었다. 이후 산업혁명을 거치면서 철도 수송이 본격화되었고, 자동차의 발명과 항공산업의 발전은 기존의 해상운송뿐만 아니라 육로운송과 철도운송 분야로 물류산업을 확대했다.

그 결과 포워더(forwarder: 운송주선업자)와 같은 주선 업체도 우후죽순으로 생겨났다. 이 업체들은 마치 여행사가 여행객을 위해 뉴욕까지 가는 최적의 항공사를 추천하고 호텔을 예약해 주는 것과 같이, 화물이라는 고객을 대상으로 서비스를 제공한다. 전남 목포의 '돌김'이라는 고객을 컨테이너에 안전하게 싣고 미국의 샌프란

시스코 항구까지 운반하고 하역하여 화물주에게 전달함은 물론 수출입 통관 업무까지 대행한다.

3PL(3rd Party Logistics: 3자 물류대행)이라는 용어도 물류산업에서 많이 사용되는 개념으로 기업의 창고 운영과 운송을 제3자인 물류 전문 업체가 위탁받아 고객에게 배송 서비스까지 책임지는 걸 말한다. 독일에 본사를 둔 DHL 인터내셔널, 국제화물 운송을 주로 취급하는 세계적인 기업 UPS, 국내의 CJ대한통운과 같은 기업들이 3PL의 대표적인 기업이다.

이와 관련해 인터넷과 모바일, 인공지능, 빅데이터, 사물인터넷 등 디지털이 전 산업의 지형을 바꾸고 있는 현시점에서 물류산업도 이에 따른 영향에서 자유로울 수 없게 되었다. 부산항에서 미국으로 가는 화물선에 실린 컨테이너 각각에 손톱만 한 위성센서를 부착해, 우리 회사가 보낸 컨테이너의 냉장 온도를 지속적으로 체크하거나, 실시간으로 전송되는 위도와 경도를 통해 우리 제품이 실린 컨테이너의 위치를 실시간으로 체크할 수 있는 시대가 온 것이다.

이로써 물류업계는 전통적인 물류 시스템의 위기와 함께 새로운 혁신의 물결에 동참하는 기회를 얻게 되었다. 기업 간 물류와 별도로, 기업과 소비자를 연결하는 물류 분야의 성장이 그 사례다. 제조, 유통, 물류의 경계가 모호해지고, O2O 및 온디맨드 서비스가 급부상하고 있기 때문이다. 외국의 우버와 한국의 다음카카오 택시처럼 유통과 물류 서비스 분야에서도 기업과 소비자를 온라인과 모바일로 즉시 연결하는 시대가 왔다. 이제 스마트물류, 융합물류, 컨버전스물류, 4자 물류라는 용어가 더 이상 낯설지 않다.

테슬라의 창업자이자 현재 우주여객 사업을 펼치고 있는 스페이스X사의 CEO 엘론 머스크는 빠르면 2024년도에 첫 승객을 태운 화성행 우주선을 발사할 계획을 갖고 있다. 그들은 2015년 이후 10여 차례에 걸쳐 실시한 재활용 로켓 발사 및 회수 프로젝트를 성공한 바 있다.

아마존의 CEO 제프 베조스도 지구의 자원 고갈, 환경 파괴를 막기 위해 화성으로 공장을 이전한다는 계획을 갖고 있다. 머지않은 미래에 화성 식민기지 구축을 위한 장비와 물자 운송에 1만 대의 화물운송 로켓이 필요할 예정이다. 이는 콜럼버스의 대서양 항해 후 500여 년 만에 물류사의 새 역사가 시작됨을 의미한다.

트렌드 1. 글로벌 물류시장의 성장

물류산업의 시장 트렌드는 원가 경쟁력 강화와 글로벌 물류시장 확대를 목적으로 한 해외 아웃소싱의 활성화다. 미국의 글로벌 시장 조사 기관인 티엠알(TMR)에 따르면, 글로벌 물류시장은 2016년 기준 약 8조 7천억 달러 수준에서 2024년에는 2배 규모인 약 15조

달러 수준으로 성장할 전망이다. 인도는 2017년 7월 상품서비스세 (GST, Goods and Services Tax) 법안을 도입함에 따라, 자국 내 물류시장의 급격한 성장을 예고하고 있다. 중동, 아프리카 지역은 향후 경제성장률을 감안해 볼 때, 신흥 물류시장으로서의 지속 성장이 예상된다.

한국은 정체된 내수시장보다는 글로벌 진출에 따른 수출입 시장 규모가 계속 확대되고 있으며, 이같은 현상은 대기업뿐 아니라 중견, 중소기업 모두에 나타나고 있다. 국내시장에 진출한 외국 기업들은 수입물류와 내수물류의 인프라 확보에 따른 글로벌 인재를 필요로 한다. 글로벌 커뮤니케이션 능력을 갖춘 물류 전문 인재 수요가 증가하고 있는 이유다.

트렌드 2. 이종산업과의 결합

도서 전자상거래로 시작된 아마존은 미국 전역에 100개가 넘는 물류센터를 운영하고 있다. 아마존이 대단한 것은 일찍부터 유통과 물류 그리고 IT를 결합한 새로운 물류 비즈니스를 선보였기 때문이다. 아마존은 재고관리, 개별포장, 라스트마일(상품이 물류거점에서 최종소비자까지 배송되는 과정) 등 전 과정을 아우르는 일명 FBA(Fulfillment by Amazon) 물류서비스를 구축했고, 이를 통해 '아마존 프라임'이라는 고객 충성도 향상 프로그램까지 만들어 운영하고 있다. 앞서 언급한 바 있지만, 아마존은 현대자동차와 협력을 맺고 아마존 프라임 고객이 현대차를 시승하고 싶어 하면 차를 몰고 직접 고객의 집 앞으로 가 키를 건네준다. 아마존이 자동차회사와 결합해 이런 서비스를 할 줄을 누가 생각했겠는가. 인공지능 플랫폼인 알렉사(Alexa), 이와 동시에 출시된 에코(Echo) 스피커, 보다 효율적인 운송수단이 된 드론, 짐꾼 로봇 등을 통해 아마존은 지속적인 혁신을 이루고 있다.

아마존을 통해 촉발된 온라인 전자상거래와 물류서비스의 융합모형은 세계적인 추세가 되었다. 최근 국내에서도 인터넷 기반의 쿠팡, 티몬과 같은 소셜커머스업체들이 로켓배송과 같이 특화된 서비스를 무기 삼아 유통과 물류를 결합해 기존 유통시장을 위협하고 있다. 소비자가 더 싼 가격에 더 빠른 서비스를 받고자 하는 욕구에 착안하여, 이들은 유통에서 물류로 연계되는 2단계 과정에 신기술을 결합해, 주문에서 배송까지 걸리는 시간과 공간적 차이를 단축할 수 있게 된 것이다.

기존의 생산자 → 물류 → 유통업체 → 물류 → 소비자를 거치던 유통단계는 생산자 → 온라인 유통업체 → 물류 → 소비자의 형태로 축소되거나, 제조사의 직배송인 생산자 → 물류 → 소비자 형태로 점점 단축되어가는 추세다.

이와 관련한 인재 시장도 크게 변하고 있다. 특히 IT에 기반한 소셜커머스업체의 니즈에 따라 신규 수요가 창출되고 있고, 롯데와 신세계 등 전통적인 유통기업조차도 유통에 국한된 경험을 가진 인재를 넘어 물류와 IT 경력을 겸비한 인재들을 선호한다.

트렌드 3. IT 기술과의 융합

지금까지 물류산업의 발전은 물류 전문 기업에 의해 주도되었다. 이들은 저렴한 가격의 중국 제품을 미국이나 브라질에서도 구매할 수 있게 만들었다. 4차 산업혁명 시대에는 비물류기업들이 물류산업을 주도하고 있다. 구글, 페이스북, 트위터 등의 기업이 주도하는 정보의 세계화가 물류산업의 변화를 이끌고 있는 것이다.

DHL, UPS, 퀴네&나겔 같은 기존의 글로벌 물류기업들은 빅데이터, 인공지능, 드론, 로봇, 3D 프린터, 사물인터넷, 증강현실과 가상현실 같은 최신 기술을 기존 사업에 접목하기 위해 과감한 투자를 해 왔다.

물류 전문 매체 CLO는 지난 2017년 출간한 잡지 「로지스타포캐스트」에 사물인터넷이 물류산업에 미치는 경제적 파급 효과를 분석한 〈DHL 글로벌 기술 콘퍼런스〉의 발표 내용을 게재한 바 있다. 이 내용에 따르면 '인터넷 기술이 물류산업에 미치는 경제적 파급 효과는 약 1조 9천억 달러로 예상'된다. 대한민국 지식경제부 역시 8대 미래성장산업 분야 중 하나로 '스마트물류'를 선정했는데,

'2015년 기준 8.1%인 국가물류 부가가치 비중을 2020년 11%까지 끌어올린다'는 계획을 갖고 있다고 밝혔다.

「비즈트리뷴」의 2016년도 기사 〈알리바바의 또 다른 진화, 전자 상거래에서 스마트물류까지〉에 따르면, 중국의 대표적인 전자상거 래기업 알리바바는 '중국의 물류서비스 시장이 향후 2년간 135% 씩 성장할 것'으로 보고 있고, 자신들은 클라우드 기반의 물류서비 스를 통해 모든 배송 과정에 빅데이터와 같은 첨단 기술을 적용할 것이라고 했다. 이는 알리바바만의 최적화된 물류 시스템을 구현하 는 새로운 비즈니스 모델이다.

실제로 알리바바는 2013년 물류 네트워크 사업으로의 진출을 선 포하고 클라우드 기반의 물류 브랜드인 차이냐오(Cainiao)를 운영하 고 있다.

국내에서는 삼성SDS의 첼로(Cello)가 통합물류 솔루션을 지향하 며 전문적이고 종합적인 4PL 서비스를 제공하고 있다. 뒤를 이은 SK는 2017년 ICT 기술 기반의 최적화된 융합물류 통합 솔루션 케 롤(KEROL)을 론칭하고 글로벌 융합물류 서비스의 출범을 알렸다. 이렇게 국내 기업들도 물류 현장 개선에 창고 관리 시스템, 운송 관 리 시스템 등 IT 기술을 활용하면서, 관련 분야의 인재들을 채용하 고 있다.

트렌드 4. 옴니채널, O2O, 온디맨드 비즈니스의 성장

국내 오프라인 유통의 주도권을 다투어 왔던 롯데와 신세계의 변화는 주목할 만하다. 롯데는 옴니채널(Omni Channel) 전략에 중점을 두고 있고, 신세계는 오카도(Okado, 영국의 온라인 식료품 유통업체)처럼 주문과 배송이 편리한 쓱(SSG) 전략 체제로 돌입했다.

해외에서는 고객의 장 보기를 대신해 주는 인스타카트(Instacart)의 반응이 뜨겁다. 고객이 스마트폰으로 오프라인 유통기업 홀푸드나 코스트코의 상품을 주문하면, 고객을 대신해 매장을 방문해서 상품을 구매한 후 원하는 장소로 배달해 주기 때문이다. 이들은 설립 2년 만에 20억 달러의 투자를 유치하여 주목을 받았다. 인스타카트는 수익성 확보에 중요한 요소로 사업구조의 유연화와 빅데이터 기반 알고리즘을 꼽았다. 특히 빅데이터 기반 알고리즘 개발에 대규모 투자를 단행, 전체 비용을 20% 이상 낮추는 효과를 얻었다.

아마존은 2018년 1월 무인 편의점 아마존 고를 정식 오픈해 고객들이 계산대 없이 장을 보고 결제까지 할 수 있게 하였다. 가장 진보적인 쇼핑 기술을 접목한 상점이란 평을 받고 있는 아마존 고는 줄을 설 필요도 없고(No Line), 별도의 결제를 할 필요도 없는(No Check) 서비스로 유명하다. 알리바바도 매장을 방문한 고객이 매장 안에서 장바구니 없이 상품을 선택하고 나서 매장을 나갈 때 미리 채워진 장바구니를 픽업하는 서비스를 시작했다.

중국은 알리바바, 텐센트, 바이두 등 대표적인 인터넷기업들이 오프라인과 온라인을 연계하는 O2O 서비스에 대규모 투자를 하고 있다. 바이두는 미래 비전으로 O2O 서비스를 전면에 내세우기도 했다. 텐센트의 위챗 메신저 플랫폼은 알리바바의 가장 강력한 경쟁자로 부상하고 있다. 홈클린, 세탁 등 온디맨드서비스 네트워크들은 빠르게 위챗 플랫폼으로 통합되고 있으며, 텐센트의 오프라인 투자는 중국 소비자들의 라이프 플랫폼으로 성장하는 데 가장 중요한 기반이 될 것으로 보인다.

빠르게 변하고 있는 시장 공략을 위해 기업들은 고객의 니즈를 이해하고 이를 사업에 활용하는 전략과 마케팅 능력을 가진 인재를 탐내고 있다. 특히 유통과 물류 영역에 특화된 경험과 전문성을 갖춘 인재를 절실하게 원하고 있다.

트렌드 5. 국내 및 국경 간 전자상거래 확대

국내 온라인 쇼핑 시장은 2010년 24조 5천억 원에서 2015년에는 50조 원을 넘겨 2배 이상 성장했다. 2017년에는 65조 5천억 원 규모로 성장했는데, 여기에 TV홈쇼핑 시장까지 합하면 그 규모는 78조 원 정도가 된다. 전자상거래 분야는 고객이 요구하는 니즈에 맞게 빅데이터를 활용한 맞춤형 서비스를 확대하는 한편 물류 시스템과 배송의 혁신을 통해 급격히 성장하고 있다.

쿠팡의 로켓배송으로 촉발된 라스트마일 서비스 경쟁은 오프라인 유통업체의 배송 서비스 혁신에 영향을 주어 신세계 '쓱'의 당일 배송 시스템을 일반화하는 수준으로 나아가게 되었다. 문제는 이런 성장 추세가 국내에 국한된 것이 아니라 글로벌 차원으로 확대된다는 점이다.

관세청에 따르면 국내 역직구 쇼핑의 규모는 2015년 1조 2천억 원 수준으로 2014년의 6천 500억 원 대비 82% 이상 성장했고, 국경 간 전자상거래 확대에 따라 국내 물류산업은 연평균 GDP 성장률의 2배 높은 성장률을 유지하고 있다. 실제로 화장품과 식료품 분야는 중국과의 국경 간 거래로 급격히 성장해 왔다. 물론 박근혜 정부 말기에 불거진 사드(THAAD) 문제로 인한 한중 FTA 경색 국면에 약간 둔화세를 보이긴 했지만, 문재인 정부 들어 다시금 회복세를 보이고 있다.

인재 시장에서는 국내외 전자상거래의 확대로 인해 머천다이징(MD)이라 불리는 글로벌소싱, 고객관리, 수출입무역, 국제 결제와 보안 분야에 대한 전문 인력 수요가 늘어났다. 전자상거래 물품 관리를 위한 물류센터 관리자와 데이터분석 전문가 등 기존의 오프라인 물류와는 다른 다양한 인재 채용의 니즈도 점점 강화될 전망이다.

주요 포지션

 최근의 물류산업 트렌드를 살펴보기 전에 먼저 기존의 전통적인 물류산업에서 요구되었던 포지션에 대해 살펴보자. 지금까지는 주로 물류 운영 및 관리에 필요한 경험과 노하우를 중시하는 포지션이 각광을 받아 왔다.

포워더(운송주선인)
- 운송을 위탁한 고객을 대리하여 화주의 물건을 통관, 집화, 입출고, 환적 및 배달 서비스를 제공하며 목적지까지 신속하고 정확하게 운송을 책임지는 자.

3PL 영업관리
- 자사 물류의 아웃소싱을 원하는 고객을 모집하여 신규 3PL 사업을 유치하고 관리하는 자.

물류센터관리
- 제품의 판매 지원 및 수급 조정을 위해 물류센터의 입출고, 재고, 인력, 설비 등의 효율적인 통합관리를 수행하는 자.

 포워더는 수출입 및 국경 간 전자상거래에서 필요한 전문가이고, 3PL 영업관리자와 물류센터관리자는 국내 기업과 소비자를 대상으로 한 내수 시장에서 필요한 전문가다. 지금까지 전통적인 물류기업들은 영업관리 및 물류센터관리를 내부에서 맡고 포워드 역할은 아웃소싱을 주는 경우가 많았다. 이런 포지션을 중심으로 발전해 온 물류산업이 이제 4차 산업혁명 시대에 어떤 트렌드를 보여 주고 있는지 살펴보자.

포지션 1. IT 기반의 융합물류 전문가

4차 산업혁명 기술과 결합한 물류산업은 이제 최첨단을 대표하는 혁신산업이 되었다. 물류산업에서 필요로 하는 인재 트렌드는 한마디로 IT 기술력을 가진 융복합 인재상으로 모아진다. 물류와 기술이 결합했을 때 필요한 솔루션을 책임지는 인재 시장에서 솔루션 엔지니어, 데이터 사이언티스트, 로봇 자동화 프로세스 분야의 경쟁이 치열해지고 있다.

아마존, 구글과 같은 기업의 서비스 방식을 통해 알 수 있듯이, 이 분야의 전문가 집단은 데이터 분석을 통해 아직 밝혀지지 않은 소비자 수요를 미리 파악하여 예측 배송을 시행하기도 하고 차량, 선박, 항공 등 기존의 운송수단에서 벗어나 드론과 같은 새로운 배송 수단을 도입하고 있다.

인공지능 전문가, 로봇 전문가, 빅데이터 전문가 등의 니즈는 물류산업에서 지속적으로 나타나고 있으며, 이와 관련된 인재 시장의 수요는 향후에도 꾸준히 증가할 것이다.

포지션 2. 다국적 기업의 물류 전문가

국제무역 확대를 통한 물류시장의 폭발적 성장으로 인해, 다국적 기업의 물류 담당자는 채용 수요가 매우 높아진 직군 중 하나가 되었다. 특히 최근에는 전통적인 수출입 업무뿐 아니라 시스템을 통한 물류비 감소, 가시성을 고려한 프로세스 개선 역할을 할 수 있는 혁신 인재가 많이 필요해졌다. 또한 해외 아웃소싱업체의 물류 지원, 고객사와의 커뮤니케이션, 고객불만 관리, 성수기의 물류 수급 관리는 물론 긴급 물류 공간 확보를 책임지는 현지 전문가의 채용 니즈가 증가하고 있다.

포지션 3. 전자상거래, O2O, 스타트업 등 전문 물류 인력

전자상거래 관련 업무의 주요 직무에는 머천다이징, 고객관리, 수출입 무역 및 전자 결제와 보안 업무가 포함된다. 나아가 최근에는 전자상거래 물품관리를 위한 물류센터 관리자 및 빅데이터 전문가 등 기존의 오프라인 물류와는 다른 포지션이 생겨나고 있다. 한편 O2O의 발전에 따라 신규 시장 공략을 위한 기획사 수요도 급증하고 있다. 고객의 니즈를 이해하고 이를 사업에 활용하는 전략, 마케팅, SCM 분야의 능력이 요구된다. 스타트업 쪽에서는 비즈니스 모델을 구현하는 모바일 앱 개발, 사업 기획과 마케팅 및 경영지원 분야에서도 다양한 인재 수요가 나타나고 있다.

핵심역량

물류업계 인재 시장의 확대 가능성은 향후 다른 어떤 업종보다 크다. 최근 동북아시아를 중심으로 벌어지고 있는 국제관계의 변화 양상은 판문점 남북정상회담과 싱가포르 북미정상회담을 기점으로 21세기 동북아 지역의 물류 대혁신을 예고하고 있다. 이런 측면에서 글로벌 역량과 IT 기술에 기반한 실무 능력을 탄탄히 쌓은 인재는 더욱 많은 기회를 갖게 될 전망이다.

핵심역량 1. 글로벌 경험 및 커뮤니케이션 능력

물류회사에서 근무하는 국제무역 포워딩 전문가는 수출입 업무의 특성상 예전부터 외국어 능력이 필수적이었다. 따라서 물류 전문 교육기관이 없던 과거에는 외국어를 전공한 사람들이 무역 및 물류업계의 인재 풀을 형성해 왔다. 그러나 현재는 물류 전문 교육기관들이 생겨나면서 그 영역을 대체하고 있다. 그럼에도 산업 현장에서 외국어 능력은 국제 비즈니스를 위해 여전히 필수적이다.

국내 대형 물류기업들은 작은 국내 시장에 대한 규모의 한계를 극복하고자 글로벌 시장으로의 진출을 강하게 추진하고 있다. 예를 들어 CJ대한통운은 2020년까지 글로벌 5대 물류기업으로의 도약하는 것을 목표로 중국과 동남아 등에서 인수합병을 활발히 전개 중이다. 이런 추세를 감안한다면 해외 물류시장 개척을 위한 글로벌 인재 수요는 더욱 늘어날 것이다.

이미 삼성전자, 현대자동차 등 주요 기업들은 자체 물류 전문 인력을 채용하면서 물류에 관한 전문성뿐 아니라 외국어 능력에 기반한 글로벌 물류 업무 경험을 중시하고 있다. 한편 국내에 진출하는 다국적 기업들은 물류 인력을 선발할 때, 본사와 원활한 소통을 할 수 있는 외국어 능력자를 요구하고 있다.

핵심역량 2. IT 기반의 기술력

물류산업이 IT 기술을 기반으로 변화함에 따라 대부분의 물류기업에서는 IT 기술에 대한 기본 소양이 있고 최신 기술 트렌드에 대한 이해력을 갖춘 인재를 원하고 있다.

기존에는 창고나 트럭킹(트럭을 통한 운송 서비스), 선박 등 물리적 자산 운영 경험이 있는 인재를 우대했다면, 지금은 이러한 업무 시스템에 대한 이해를 기본으로 이를 활용해 혁신을 이뤄 낼 수 있는 인재를 우대한다. 예를 들어 창고관리의 경우, 필드 운영 경험을 기반으로 창고 관리 시스템을 충분히 활용할 수 있는 관리자를 원한다.

특히 전자상거래 분야의 B2C 스타트업 대부분은 IT 기반의 비즈니스 모델을 운영하고 있다. 아마존, 알리바바, 쿠팡, 배달의민족 등이 자체 시스템을 구축하고 이를 통해 고객에게 특화된 서비스를 제공한다. 이런 상황에서는 기존의 단순 보관 업무 경험이나 일반적인 운송업과 같은 업무 경력만으로는 이직의 문을 두드리기가 쉽지 않다. 이제 IT 기술에 대한 이해력과 창의성 없이는 물류 비즈니스 분야에서 명함을 내밀기조차 어려운 시대가 된 것이다.

핵심역량 3. SCM에 기반한 역량

기존에는 물류 비즈니스가 단순했다. 예를 들어 보관이 필요하면 창고업체를 쓰면 되었고, 운송이 필요하면 트럭, 선박, 항공, 철도업체를 활용하면 되었다. 그러나 최근에는 기업들이 이렇게 단순한 서비스업체들과 손을 잡는 일이 드물어졌다. 요즘 기업들은 자신들의 구매, 제조, 영업 프로세스를 이해하고 파트너십 차원에서 효율적인 물류 서비스를 제공해 줄 수 있는 업체들을 선호한다.

이를 위해 필수적인 것이 고객(화주)의 SCM에 대한 이해와 이에 기반한 관리 노하우다. 이런 인재 확보를 통해 고객의 까다로운 요구를 만족시키는 게 물류회사들의 과제이기 때문이다. 특히 기술과 결합된 디지털 공급망관리(Digital SCM) 서비스는 마진율이 높고 경쟁도 치열하지 않은 블루오션이라 기업들은 이런 기술력을 업무에 구현해 낼 수 있는 인재들을 더욱 선호한다.

핵심역량 4. 실전 역량

물류산업 분야에서 이직을 원하는 인재라면 보다 자율적이며 소통에 민감한 마인드를 가질 필요가 있다. 특히 인적 네트워크를 강화하고 타인의 조언을 통해 직간접적으로 경험을 넓혀 가는 자세가 중요하다. 요즘처럼 격변하는 시대에 다양한 분야를 모두 직접 경험하기는 어렵기 때문이다. 특히 인적 네트워크를 강화하라는 것은 그들의 경험을 통해 향후 자신에게 일어날 수 있는 복잡한 문제들에 대한 해결 능력을 강화한다는 의미가 있다.

물론 현장에서 자기만의 스펙을 쌓는 것을 게을리 해선 안 된다. 스펙을 쌓는 방법은 여러 가지가 있는데, 물류 쪽에서는 실제 현장 경험을 바탕으로 자신만의 특화된 노하우를 갖는 것이 좋다.

예컨대 쿠팡, 11번가 등 여러 물류센터에서 1개월씩 파트타임으로 여러 역할(피킹, 검수, 출하 등)을 경험한 지원자가 있었다. 그는 화려한 스펙 대신 여러 경쟁 업체의 경험을 비교해서 자기소개서에 어필하였다. 수도권 지역의 물류센터 일당은 보통 9~13만 원 정도 되는데, 지원자처럼 현장 경험을 쌓고 취업에 대한 인사이트를 키우는 것도 실질적인 경험을 넓히고 스펙을 쌓는 좋은 방법이다. 전자상거래 분야라면 다양한 각국의 사이트에서 직구를 해 보고, 통관이나 다른 업무를 경험하면서 자기만의 시각을 정립해 기업에 제시하는 것도 분명 경쟁력이 있다.

내가 어떤 기업을 원한다면, 그 기업의 입장에서 '나를 왜 채용해야 하는지'를 생각해 볼 수 있어야 한다. 내가 입사하고 싶어 하는 회사는 다른 사람들도 입사하고 싶어 한다. 내가 기업의 인사 담당자라면 도대체 왜 나를 채용해야 하는지, 실질적으로 회사에 기여할 수 있는 부분은 무엇인지를 점검해 보는 것도 실전 역량 학습이다.

마지막으로 4차 산업혁명 시대의 기술 트렌드에 관심을 놓치지 말자. 격변하는 시대의 기술 변화에 대한 지속적인 관심과 학습으로 자신을 유연하게 만들어야 한다. 관련 업종에 대한 기사를 놓치지 않고, 관심이 가는 포럼이나 세미나는 물론 출판 콘서트 등에 참석하는 것도 좋은 방법이다. 때론 플레이스토어에서 관심 분야의 상위권 순위 앱을 비교하는 것 역시 트렌드를 학습하는 좋은 방법이다.

채용 및 이직 사례

물류 분야에서 중요한 포지션 중 하나는 SCM 기획 매니저 직무다. SCM 기획이란 원자재 구매, 제조, 재고관리, 유통에 이르기까지 생산 과정 전반에 걸쳐 수요와 공급을 예측하고 이에 적절한 물량과 효율적인 처리 방안을 결정하는 역할을 한다. 그중에서도 유통기한이 있는 상품을 다루는 SCM 기획 포지션은 더욱 세심한 업무 역량이 요구된다. 유통기한이 있는 상품은 재고관리 방식과 창고비용 관리까지 각별한 주의가 필요하기 때문이다. 이와 관련하여 한 글로벌 식품기업은 SCM 기획 포지션 채용을 의뢰했다.

최근 몇 년 사이 중국에 아시아 거점 공장을 설립하는 글로벌 기업이 증가하는 가운데, 이 회사 역시 한국에 아시아 허브 공장을 세워 생산량의 대부분을 외국으로 수출하고 있었다. 이 회사는 물류와 생산 전반에 걸친 기획 업무를 수행할 SCM 책임자를 채용하고자 했다.

1. 채용 포지션: 글로벌 식품기업의 SCM 기획

2. 담당 업무

- 재고관리를 통해 높은 고객 서비스를 제공할 기획 및 물류 관리

- 제한된 예산하에서 작업 프로세스 모니터링 및 품질관리

- 공장 창고의 원활한 운영과 관리

- 명확한 공급 계획 수립을 위한 영업 마케팅팀 및 지역별 팀 간 조율

- 플래닝 및 물류 관련 개선 프로젝트 관리

- 적극적인 플래닝 및 물류팀 구성

3. 자격 요건

- 기획 및 물류 경험
- 영어 가능자 : 읽기, 쓰기, 말하기
- SCM 및 관련 소프트웨어 숙련자
- 우수한 커뮤니케이션 및 협상 기술, 원가 개념, 주도적인 태도, 에티켓 스킬, 자기 동기부여, 팀 플레이어, 안전, 위생 및 품질 개념 보유, 높은 기술 이해도, 관리 역량

하지만 고객사에서 요구한 자격 요건은 업무 역량의 중요도에 비해 매우 추상적이고 포괄적이었다. 물건을 수입해서 판매하는 단순한 도소매업종이 아니라 직접 제품을 생산하는 제조업종에 속하는 기업이라 원자재 구매, 제조, 제품 유통 단계에 이르는 3단계 프로세스를 모두 관리하는 것이 중요했다. 그에 따라 다양한 유관부서 관계자들과의 커뮤니케이션 능력, 빠른 상황 판단력이 매우 강조되는 포지션이기 때문에, 이러한 모든 요건을 단순하게 직무기술서에 명시하고 이해시키기란 쉽지 않았던 것이다. 하지만 기업은 후보자에게 이러한 능력이 있는지 직접 케이스 스터디와 심층 면접을 통해 검증하고자 했다.

면접 당일 후보자들에게는 30분 정도의 준비 시간과 케이스가 주

어졌다. 예를 들어 지원자가 특정 제조기업의 기획 매니저라는 가정 하에 다양한 업무 배경과 문제 및 상황이 제시되었다. 고객사의 갑작스러운 발주량 및 리드타임 조정 요구, 생산 공정의 한계, 현업을 수행하는 부하 직원의 불만 등 실제 업무 상황에서 일어날 수 있는 갈등 구조하에서 지원자의 실무 수행 능력, 커뮤니케이션 능력, 리더십 등을 파악하기 위해서였다.

SCM 기획 포지션은 숫자 감각 또한 탁월해야 한다. 영업과 마케팅에서 보고되는 숫자, 공정 가능한 생산량, 원자재 발주량 등 모든 의사결정을 숫자로 이해하고 판단해야 한다. 이 모든 요건을 갖춘 역량 있는 후보자를 찾기 위해 이 회사는 1년이 넘는 기간 동안 해당 포지션의 후보자 채용을 진행했다.

4차 산업혁명은 금융시장의 성격을 근본적으로 변화시키고 있다. 그 변화를 이끌고 있는 키워드는 인공지능, 머신러닝, 블록체인, 알고리즘, 로보어드바이저 등이다. 이 기술이 금융권에서는 이른바 핀테크(FinTech, Finance+Technology)로 구현되고 있다. 지금 금융산업의 현장에서는 핀테크라는 용어에 응축된 금융산업의 발전 방향에 대해 의심하는 사람은 없다. 다만 얼마나 빠른 속도로 어느 영역까지 확산될 것인가에 대한 불안 섞인 기대만이 있을 뿐이다. 핀테크의 기치를 내걸고 출현할 플랫폼 기반의 금융 서비스 각축전이 예고되어 있고, 강자의 옥석이 가려짐에 따라 크고 작은 지각 변동도 예고되기 때문이다.

4차 산업혁명과 맞물리는 금융산업의 변화는 크게 세 가지다.

첫째, 기존의 전통적 금융기관을 통하지 않고 수요와 공급을 직접 연결하는 P2P(Person to Person) 서비스의 대두다. 비용이나 서비스 측면에서 금융 소비자들을 통해 가치를 창출하지 못하는 금융기관은 점차 사라질 것이다.

둘째, 금융기관의 점포를 직접 방문할 필요 없이 온라인이나 모바일을 통해 거래하는 비대면 서비스가 인공지능을 통해 프로세스의 효율을 높이면서, 새로운 금융 거래 방식이 일반화 되고 있다. 제도권에서는 인터넷뱅크(케이뱅크, 카카오뱅크) 2곳이 이미 인가를 받아 영업하고 있다.

셋째, 금융산업이 소비자 중심으로 재편되고 있다. 즉 저비용, 개인 맞춤형, 다품종, 소량생산 방식의 서비스가 금융권에서도 일어나고 있는 것이다. 예를 들면 과거에는 개인이 은행을 방문해서 펀드를 가입해야 했지만, 지금은 온라인에서 가입할 수 있다. 개인의 투자 성향에 따라 공격적이거나 보수적인 투자 상품을 인터넷뱅킹 화면에서 추천받는다. 주택청약종합저축 가입도 이제는 은행 지점 방문 없이 인터넷뱅킹으로 가능하다. 이렇게 온라인 금융 서비스를 사용하는 소비자가 늘어 이제는 동네 어귀마다 있던 은행 지점도

서서히 사라지고 있다.

이 모든 과정에서 가치를 만들어 낼 수 있는 핵심은 융합에 있다. 투자자의 불확실성을 극복하는 대안도 산업 간 융합에 있으며, 그 유일한 기준은 보다 안전하고 확실한 이익을 좇는 금융 소비자의 니즈가 될 것이다.

금융업계의 인재 시장 트렌드

기술과 결합한 금융산업 변화의 물결 속에서 어떻게 하면 성장 가도를 달리는 인재가 될 수 있을까? 기꺼이 융합할 수 있는 유연성, 차별화되고 세분화된 전문성, 소통 능력과 글로벌 역량을 갖출 수밖에 없다. 4차 산업혁명 시대 금융권은 어떻게 변화하고 있는지를 알아보면서 자신만의 이직 전략을 세워 보자.

트렌드 1. 세분화되는 전문성

금융업계에서는 한 명의 스타급 인재를 채용하여 그에게 기대하는 문화보다는, 특정 분야에 강한 세부 전문가를 다수 채용하여 현재 금융시장이 가진 복잡성과 불확실성의 위험을 줄이고 협업을 통해 성과를 극대화하는 문화가 확산되고 있다. 사실 과거보다 훨씬 더 복잡한 다수 요인이 금융시장을 좌우하고 있기 때문에, 늘 시장을 선도

하는 소위 스타급 금융 인재는 이제 더 이상 존재하지 않을 것이다.

현장에서는 이를 반영하여 한 명의 '코끼리'보다는 창의적인 '벼룩 떼'이 유연하게 협업하며 성과를 이끌어 내는 멀티 시스템과 매트릭스 구조의 팀 제도가 늘어나고 있다. 펀드매니저 채용의 경우, 스타급 매니저에게 거액을 제시하여 영입하는 시도는 갈수록 사라지고 있고, 대신 각각 다른 장점을 가진 여러 명의 매니저가 유연하게 움직이며 하나의 팀으로 운영되는 멀티 매니저 시스템이 생기고 있다.

트렌드 2. 타 업종 전문가의 채용

금융업계도 산업 간 융합이 급속도로 이루어지고 있다. 마케팅 포지션을 예로 들면 동종산업 내 다른 금융기관에서 마케팅 인력을 채용하기보다는 게임회사나 빅데이터 컨설팅회사, IT회사 같은 이종산업 분야에서 인재를 영입하고 있다. 이런 추세는 기존의 금융기관이 갖추지 못한 IT 인재를 선발해 기존 인력과 함께 시너지 효과를 내려는 데서 비롯된다. 실제로 금융기관이 마케팅 분야나 전략 부문의 채용을 의뢰하면서 금융 지식이나 금융권 경력을 묻지 않는 경우도 많다.

트렌드 3. 핀테크

인공지능, 블록체인, 머신러닝, 알고리즘 등 IT 용어들이 금융권의 채용 의뢰를 위한 직무설명서에 등장하기 시작했다. 아직까지 한국은 이 분야의 역사가 길지 않으므로 정확히 해당 분야의 실력을 검증받으며 경력을 쌓아 온 인재들이 많지 않다. 그래서 관련 경력이 없어도 관련 학위를 소지한 지원자들과 면접에서 충분한 잠재성이 검증된 지원자를 중심으로 채용을 결정하는 추세다.

트렌드 4. 인성과 팀워크

서로 다른 분야의 경력자들이 모인 융합팀에서 불협화음을 최소화하려면 팀워크가 좋은 인재가 필요하다. 결국 기본 인성이 잘 갖춰져 있고 커뮤니케이션 능력이 뛰어난 인재를 선호할 수밖에 없다. 실제로 어느 날 필자가 만난 핀테크 관련 스타트업 CEO는 '후보자의 어떤 자질을 가장 중요하게 여기는가?'라는 질문에 이렇게 답했다.

"처음에는 학벌, 천재성, 스마트함, 창의성을 가장 중요하게 보았습니다. 하지만 그런 직원 다수가 다른 부서의 팀원들과 불협화음이 적지 않았어요. 타인의 의견을 무시하거나 교란하고, 결국 회사가 자기를 알아주지 않는다거나 비전이 보이지 않는다며 사표를 던지곤 했죠. 물론 해고당한 경우가 더 많지만요."

이런 시행착오를 거친 그 CEO가 가장 중요하게 보는 후보의 자질은 회사와의 비전 공유 여부, 가치관과 인성, 성실함과 인내심, 타인과의 소통 능력이다. 세상이 격변해도 여전히 변하지 않는 인재 선발의 기준은 인성과 소통 능력인 점에서 시사점이 있다.

주요 포지션

4차 산업혁명 시대를 맞아 금융업계는 기술과 서비스 양대 분야에서 혁신을 거듭하고 있다. 기존의 금융 서비스를 통해 축적된 방대한 빅데이터가 인공지능과 핀테크로 구현되면서, 전통적인 금융업종의 전문가 장벽이 허물어지고 있다. 아울러 지점 창구도 점점 폐쇄되거나 개방형으로 바뀌면서 현재는 온·오프라인을 망라해 전방위적인 금융 서비스가 구현되고 있다.

포지션 1. 빅데이터 전문가

금융기관들은 벌써부터 빅데이터를 통한 금융 서비스에 한창 열을 올리고 있다. 마케팅이나 영업을 도출할 수 있는 숙련된 빅데이터 전문가들은 1순위 후보가 된 지 오래다. 이들은 주로 게임회사나 포털 사이트, 인터넷 쇼핑몰, 온라인 전자상거래업체 등에 포진되어 있으며, 그들이 갖고 있는 금융 지식과는 무관하게 금융권에서는 이들을 영입하고자 하는 노력을 지속하고 있다.

이와 반대로 소위 프로모션 마케팅, VIP 대상 프리미엄 마케팅,

제휴 마케팅 같은 포지션에 외부 인력을 채용하는 추세는 줄어들고 있다. 이제 마케팅의 추세는 데이터에 기반한 분석적 방식으로 바뀌었기 때문이다.

포지션 2. 국제금융 전문가

소비자 금융의 위축으로 각 금융기관은 향후 기업 금융에 눈을 돌리고 있다. 기업 금융 활성화라는 슬로건을 내걸고 국내외 비즈니스에서 선택과 집중 전략을 펼치고 있다. 금융기관이 이익구조를 투자은행과 기업 금융에서 찾는 경향은 향후 몇 년간 피할 수 없는 선택이 될 것으로 보인다.

여기서 주목할 점이 있다. 그동안 전통적으로 해 오던 투자은행 업무에 국제 금융이 추가되고 있는 것이다. 국내 기업들만 상대해서는 한계가 분명하기 때문이다. 이렇게 국내외 기업 간 거래가 활발해짐에 따라 기업 고객들도 국내에 한정되지 않는 시대가 되었다. 또한 동남아나 중국 등 이머징마켓이나 일부 선진 국가의 기업 인수합병, 기업공개 활성화에 따른 글로벌 비즈니스 분야가 확대되고 있어 해당 분야의 인재에 대한 수요가 급증하고 있다.

포지션 3. 기관 대상 금융 영업

금융상품 판매 분야도 개인을 대상으로 한 영업보다는 국민연금,

한국투자공사, 각종 공제회와 기금, 대형보험사 등을 대상으로 한 기관 영업에 전략을 집중하고 있다. 이들은 자금의 규모가 크고 위험이 높은 고수익을 추구하기 보다는, 중위험 중수익과 안정성 있는 투자 상품을 선호한다. 더 이상 전통 자산으로 불리는 주식과 채권 중심의 투자로는 격변하는 금융시장에서 투자자들을 만족시킬 수가 없는 시대가 되었다. 큰 손실을 감수할 의사가 없는 기관들은 시장 상황과 관계없이 절대 수익을 얻고자 하는 니즈를 갖고 있다. 또한 헤지펀드, 부동산 리츠, 선박, 항공기 등 다양한 대체 투자 상품 시장이 커질 것으로 예견되어 파생상품 영역에서의 인재 수요가 늘어날 전망이다.

포지션 4. 기업 대상 금융 영업 및 고액자산관리 PB

저출산 고령화 시대와 부의 양극화로 금융 고객 역시 양극화되고 있다. 금융기관마다 개인 영업 전략이라는 큰 틀이 변화하고 있고, 고객 양극화에 따라 온라인과 오프라인 고객 서비스 전략도 차별화되고 있다. 은행은 최대한 온라인뱅킹 사용을 권장하는 한편, 동네마다 있던 작은 지점들을 대폭 축소하여 금융센터 중심으로 통폐합해 기업 중심의 서비스를 강화하고 있다. 개인 고객 대상으로는 VIP 전용 고급 점포를 만들어 고액자산가 PB 영업에 집중하는 추세다.

이런 추세를 반영하듯 은행과 증권사는 PB에 대한 채용의 문을 열어 두고 있다. 충성도 높은 초우량 고객들을 잘 관리해 온 성과 좋은 우수 PB 한 명이 평범한 직원 100명보다 더 큰 수익을 가져다 주기 때문이다. 외부에서 채용하는 직원의 전체 수는 확실히 줄었으나, 가치를 창출할 수 있는 차별화된 인재의 채용은 향후에도 계속될 것이다.

금융권에서는 사라지는 직무보다는 그 직무를 수행하는 업무의 질을 향상시키려고 하는 트렌드가 존재하므로, 이에 대한 철저한 준비가 필요하다.

핵심역량

금융업계는 전통적으로 신의와 성실을 기본으로 갖춘 금융 전문가를 선호해 왔다. 그런데 지난 10년 사이 자본시장이 통합되면서 은행들이 글로벌 투자은행으로 변모하고 증권사 역시 글로벌 투자기관으로 탈바꿈하려 하자, 기존의 인재상도 변화하기 시작했다. 여기에 4차 산업혁명 기술까지 결합해 각축을 벌이고 있는 금융업계에서는 어떤 핵심역량이 필요한지 살펴보자.

핵심역량 1. 융합 능력

어떤 분야가 되었건 직무 전문성을 보유하는 것은 기본이다. 다만 금융회사들은 맡은 바 주어진 일을 충실히 수행하되 타 전문 분야와의 소통을 통해 시너지를 낼 수 있는 융합형 인재를 채용하고 싶어 한다. 기존의 업무 방식을 고수하기보다는 시장의 변화를 포착하고 창의적이고 독보적인 솔루션을 만들기 위해 유연하게 타 부문과 지식을 공유하고 융합할 수 있는 역량을 매우 중요시한다.

핵심역량 2. 글로벌 역량

글로벌 투자, 글로벌 전략, 글로벌 비즈니스라는 단어에서 알 수 있듯이, 거의 모든 금융기관의 영업 전략에 빠지지 않고 등장하는 키워드가 바로 '글로벌'이다. 국내시장의 한계를 벗어나 글로벌로 투자하거나, 글로벌 마켓을 리서치하거나, 글로벌 회사와 MOU를 맺어 업무 제휴를 하는 방식이 일반화되고 있기 때문이다.

글로벌 인재란 외국어 능력, 글로벌 마켓에 대한 지식과 네트워크를 바탕으로 한 통찰력을 갖춘 자를 의미한다. 이는 단순히 외국에서 학위를 취득했거나 업무 경력을 쌓은 것과는 다른 의미로, 국내 시장만이 아니라 글로벌 금융 시장까지 포괄적으로 이해하고 매 상황을 고려해 최상의 솔루션을 창출하는 능력을 일컫는다.

핵심역량 3. 평생 직장보다는 평생 성장을 지향하는 마인드

4차 산업혁명 시대에는 평생 직장의 개념이 사라진다. 내가 평생 다니고 싶어도 나의 역량을 대신할 인공지능이나 로봇이 출현한다면 더 이상 일을 할 수 없을 것이다. 여기에 새롭게 치고 올라오는 후배들의 질주는 나이 먹는 걸 두렵게 만들기도 한다. 직장인이라면 누구나 이런 상황을 경험하게 된다. 이런 상황에 직면한, 또는 곧 직면할 사람들을 만날 때마다 필자는 늘 이렇게 조언한다.

다 가질 수 없다면 과감히 욕망의 가지치기를 하자. 높은 연봉과 좋은 회사, 유능하고 따뜻한 상사, 나의 비전과 정확하게 일치하는 기업 비전, 지인들의 부러움, 사소하게는 집과 회사와의 인접성 등을 다 갖춘 완벽한 직장은 존재하지 않는다. 특히 금융권은 기관 및 포지션에 따라 연봉 격차가 크기 때문에 보상 수준을 단순 비교하면 불만족스러운 게 한두 가지가 아니다.

이직을 준비할 때 과하게 자존심을 내세우거나 이것저것 환경을 저울질하다, 성공적인 이직에 실패하는 경우가 적지 않다. 설사 이직을 하더라도 곧바로 새로운 불만족 요인을 찾는 악순환의 굴레에 빠지기도 한다.

이직이나 취업을 할 때 가령 5가지 요소를 고려한다면, 나에게 가중치가 가장 높은 1~2개를 선택할 필요가 있다. 나머지 요소들은 과감히 가지치기를 하자. 훗날 그 회사를 떠날 때 나에게 확실히 남게 될 소중한 유무형 자산이 단 하나라도 있다면, 그 이직은 성공한 것이다.

채용 및 이직 사례

국내 한 대형 증권사가 모바일 기획 포지션 채용 프로젝트를 의뢰했다. 해당 포지션의 주요 업무와 자격 요건은 아래와 같다.

1. 채용 포지션: 모바일 콘텐츠 기획 제작 및 서비스
2. 담당 업무

- 모바일 신규 앱 또는 신규 콘텐츠 기획 및 운영

- 트렌디한 신규 콘텐츠 발굴 및 사용자가 좋아하는 콘텐츠 특성 분석

- 고객 개인별 이용 성향(빅데이터 분석)을 감안한 모바일트레이딩서비스(MTS) 제공 기획

3. 자격 요건

- 모바일 콘텐츠에 대한 이해도가 높은 자

- 신규 콘텐츠 발굴 가능한 자

- 빅데이터 분석을 감안한 서비스 기획 가능한 자

- 포털이나 커뮤니티 등에서 콘텐츠 제작 경험 있는 자

- 특히 온라인 쇼핑업체 경력자 우대

쉽게 말해 해당 금융기업의 모바일 애플리케이션을 신규로 기획

하고 운영하여, 고객들이 금융상품과 서비스를 모바일로 쉽고 편리하게 접근할 수 있도록 하는 역할이었다. 따라서 고객사는 온라인 쇼핑몰 혹은 포털, 게임회사 등 온라인 서비스를 운영하고 콘텐츠를 제작해 본 경험이 있는 경력자를 채용하고자 했다. 위 조건을 바탕으로 우선 후보자를 세 부류로 선발하였다.

1순위 추천 후보군은 자격 요건에 우대 사항으로 명시된 바와 같이 온라인 쇼핑업체에서 콘텐츠 에디터 경력과 콘텐츠 기획 및 제작 경력이 있는 사람들이었다. 2순위는 좀 더 넓은 범주로 확장하여 포털, 게임회사 등에서 온라인 서비스 운영 및 SNS 콘텐츠를 기획한 경력자들이었다. 마지막 3순위는 헤드헌터로서의 판단을 적용했다. 직무기술서에 부합하는 경력은 없었으나 수행하는 업무의 특성에 맞는 충분한 잠재력을 가진 융합형 인재라고 판단되는 후보였다. 이 후보는 대학 학부에서 인문학을 전공했고 미술과 디자인 분야에서 공신력 있는 예술 전문 잡지의 에디터와 기자로 근무하였다. 특히 그가 쓴 기사는 깊이와 통찰력이 돋보였다. 알고 보니 그는 이후 유명한 모 대학의 지식 서비스 관련 공학 석사학위를 취득한 이력이 있었다. 이 후보자와의 인터뷰를 통해 인문학, 공학, 시각예술을 두루 아우르고 있는 융합형 인재라고 판단하게 되었다. 그래서 그를 경력과 무관하게 증권사의 모바일 콘텐츠 기획 및 운영 포지션에 3순위로 추천했다. 그를 포함하여 모든 후보자는 고객사에서 요구했던 경력에 맞게 온라인 쇼핑몰 마케팅 기획자, NHN과 같은 포털 사이트 콘텐츠 기획자, 서비스 기획자, 대기업 온라인 마케팅 기획자의 경력을 갖고 있었다.

후보자들은 면접 과정에서 직무에 필요한 역량을 검증하기 위해 여러 평가 과정을 거쳤다. 기본적으로 디지털 미디어의 UX/UI에 대한 이해도와 현재의 기술 동향, 핀테크에 대한 전반적인 이해도를 평가받았다. 업무 전문성 및 역량을 검증하는 것 이외에도 이 포지션에서는 특별한 테스트를 통해 각 후보자의 잠재력을 평가했다. 면접 전 1시간의 시간을 주고 콘텐츠를 각색하는 테스트였다. 각 개인에게 주어진 노트북에는 시장 동향, 주식 데이터, 리서치센터 리포트 등 금융 관련 자료가 저장되어 있었다. 이 복잡한 자료를 모바일을 통해 접근한 일반 대중이 쉽게 이해할 수 있도록 콘텐츠를 각색하는 것이 과제였다.

놀랍게도 최종 합격한 후보자는 3순위로 추천한, 관련 경력은 없지만 융합형 인재로서의 잠재성이 보이는 후보였다. 격변하는 금융시장과 모바일 콘텐츠 시장에서 기업이 필요로 하는 후보자의 자질은 과거의 관련 경력(그 경력은 이미 유효한 의미를 상실했을 수도 있다)보다 타 산업군과 융합하는 능력과 데이터에서 의미를 엮어 결과물을 산출하는 지적 능력, 논리력 등에 있을 수 있다. 4차 산업혁명 시대에 인재가 나아가야 할 방향을 생각해 볼 수 있었던 의미 있는 사례였다.

소비재업

"엄마, '인구론'이란 말이 무슨 뜻인지 아세요?"

어느 날 갑자기 10대의 딸이 저녁 식탁에서 던진 질문이다.

질문을 받자마자 '맬서스의 인구론'이 떠올랐다.

"음, 그건 영국의 고전 경제학자 토머스 맬서스가 쓴 책 제목이잖아."

딸은 까르르 웃음을 터트리며 말했다.

"엄마 그건 '인문계 출신의 90%는 논다'라는 말이에요."

요즘 말로 '깜놀'했고, 듣고 있자니 '웃픈' 진실이 아닐 수 없었다.

"90%가 노는 건 아니겠지. 생계를 위해 본인의 적성이나 특기를 살리지 못하는 일을 하고 있을 뿐."

헤드헌터이자 한 아이의 엄마로서 소심하게나마 반박이란 걸 해보았지만, 나에게도 의문이 생기는 건 사실이었다.

'인문학 전공자들은 4차 산업혁명 시대의 주인공이 될 수 없는 걸까?'

기술이나 공학과 직접적인 관련이 없는 소비재 업종의 기업과 인재도 역시 이런 의문에서 자유로울 수는 없을 것이다. 로보틱스, 머신러닝 기술과 직접적인 연관이 없는 직무들은 과연 4차 산업혁명 시대를 맞아 어떻게 변화해 나갈까. 이에 따른 인재 시장의 요구 사항은 무엇인지 살펴보자.

소비재업계의 인재 시장 트렌드

소비재(FMCG, Fast Moving Consumer Goods) 기업을 정의하는 방법은 여러 가지가 있겠지만, 비즈니스의 근간이 무엇인가에 따라 크게 제조와 유통으로 나눌 수 있다. 직접 생산공정을 거쳐 '제품'을 만들어 파는 업체를 제조업종의 소비재기업이라 한다면, 직접 생산에는 관여하지 않으나 만들어진 제품을 '상품'으로 매입해 파는 업체를 유통업종의 소비재기업이라 할 수 있다. 예를 들면 우리에게 친숙한 화장품을 만드는 아모레와 LG생활건강은 대표적인 제조업 중심의 소비재기업이고, 롯데백화점과 프리미엄아울렛, 신세계백화점과 첼시아울렛 등은 유통업 중심의 소비재기업이라 볼 수 있다. 자, 그럼 4차 산업혁명과 관련하여 소비재 업종에서는 어떤 변화가 일어나고 있는지 살펴보자.

트렌드 1. 업종 간 융합(제조와 유통)

소비재와 관련하여 최근 가장 큰 화두 중 하나는 제조와 유통의 업종 간 융합이다. 한마디로 제품만 생산해 팔던 제조회사가 타 회사가 만든 제품을 상품으로 매입해 파는 유통업에 진출하기도 하고, 반대로 타 회사가 만든 제품을 상품으로 매입해 시장에 내다 팔던 유통회사가 이젠 직접 제품을 기획해 공장에서 생산하는 제조업을 겸하기도 한다는 것이다. 이로써 제조와 유통의 업종 간 경계가 허물어지고 그에 따른 새롭고도 다양한 직무들이 생겨나게 되었다.

제조 중심 소비재기업의 주요 직무는 자사 브랜드로 판매할 제품을 기획, 생산하여 마케팅까지 관장하는 BM(Brand Manager)이 대표적이다. 반면 유통 중심 소비재기업의 주요 직무는 상품성이 높은 제품을 잘 발굴하여(소싱 업무) 구매하는(바잉 업무) MD(Merchandiser)가 대표적이다.

제조와 유통의 융합이 가속화되면서부터, 유통 중심의 소비재기업은 이제 타사의 브랜드 제품을 매입해 판매하는 유통 비즈니스에서 한 걸음 더 나아가 자사 브랜드(PB, Private Brand)를 기획하고 만들어 팔게 되었다. 대표적인 사례로 유통업체 이마트가 만든 식품 브랜드 '피코크'와 패션 브랜드 '데이즈'를 들 수 있고, 롯데마트가 개발한 의류 브랜드 '테(TE)'를 들 수 있다. 이런 변화가 나타나게 된 동인(動因)에는 다변화된 소비자 욕구도 있지만, 기업의 입장에서 보다 근본적인 원인을 찾는다면 이젠 '유통업보다 제조업이 남겨 주는 순이익'이 더 크다는 점일 것이다.

예컨대 이마트의 피코크 제품 중에는 '청주한씨 큰기와집 간장게장'이 있다. 백 년이 넘은 청주 한씨 가문의 전통 간장과 대를 이은 한식 요리 전문가 한영용 대가의 요리 비법으로 탄생한 이 제품은 지금도 삼청동 큰기와집의 대표적인 명품 요리다. 큰기와집이 간장게장 제품을 자가 공장에서 만들어 이마트에 납품할 경우, 이마트는 큰기와집에 매입가를 지불하고 소비자에게 판매하여 유통마진을 남긴다. 그런데 이마트가 큰기와집에 간장게장 제조 비법 전수 및 직접 생산을 판매 조건으로 하는 로열티 계약을 맺는다면, 이마트는 단순 유통 마진보다 제조를 통해 남길 수 있는 순이익이 더 클수 있다. 이는 올해 새로 론칭한 50년 전통의 무교동 유정낙지 제품에도 마찬가지로 적용된다.

제조사가 유통에 진출한 경우는 반대의 경우보다 흔하지는 않지만, 아모레퍼시픽 사의 화장품 전문 대리점 아리따움이 대표적이다. 제조사들이 직접 운영하는 아리따움과 같은 유통 채널이 최근 들어 새로운 사업 다각화를 시도하고 있는데, 예를 들면 이니스프리 화장품 매장에서 카페를 같이 운영하는 경우다. 제조업체들의 직영 시스템을 통한 사업 다각화 전략은 유통 관련 법규의 제한을 받지 않는 선에서 새로운 트렌드로 떠오르고 있다. 물론 안경점 브랜드는 국내법에 의해 직영매장 경영에 제한을 두기도 한다.

트렌드 2. 1인 소비 패턴의 확산

최근 유행하는 단어에 '혼밥러', '혼술러'가 있다. 혼자 밥을 먹는 사람, 혼자 술을 마시는 사람을 의미한다. 현상적으로 보면 사회적 관계의 분절 현상으로 인한 1인 생활 문화의 확산으로 볼 수 있지만, 보다 근본적으로는 우리 사회가 핵가족 시대의 단위를 넘어 1인 가구 경제 시대로 접어들었음을 의미한다. 통계청에 의하면, 1인 가구는 지난 2000년 222만 가구에서 2015년 529만 가구로 증가했으며, 전체 가구 중 비중은 2000년 15.5%에서 2015년 27.2%로 증가했다. 이 속도로 가면 2035년의 1인 가구는 760만 가구로 3가구 중 1가구(34.3%)를 차지할 것으로 보인다.

사실 우리 주변에는 혼자서 밥 먹고 술 마시는 것을 불편하게 생각하는 사람들이 적지 않다. 하지만 그들에게 보다 편안한 소비를 권장하는 업체들의 발 빠른 대응으로 요즘엔 혼자서 끼니를 때우거나 혼자서 술을 마시는 모습이 더 이상 낯설지 않은 풍경으로 자리 잡아 가고 있다. 동네 골목마다 생겨나는 스시집, 나홀로 삼겹살집, 그리고 거의 동네 번지 수마다 하나씩 들어선 편의점. 특히 편의점은 없는 물건이 없을 정도로 '종합을 넘어 융합'의 거점이 되고 있다. 점심 한 끼를 거뜬히 해결할 수 있는 다양한 메뉴의 도시락, 갓 내린 원두커피를 캔으로 직접 만들어 주는 카페 코너, 뷔페식 점심 식단까지 그야말로 편리한 곳이 아닐 수 없다.

이를 반영하듯 최근 유통업계의 핫이슈는 편의점 유통사들의 변모와 경쟁이다. 이들 역시 타 유통업체들처럼 수익성을 위해 자사 브랜드(이마트24 노브랜드)를 만든다거나 특정 브랜드(오모리 김치찌개 등)를 독점하여 판매하는 식의 변화를 주고 있다. 특히 혼밥러들을 겨냥한 간편식(Home Meal Replacement)은 앞으로 더 큰 소비자의 반향을 일으킬 전망이다.

1인 가구 생활자들은 재료를 사다가 직접 요리를 해 먹는 데 시간과 비용을 들이기보다 배달 주문을 통해 식사를 해결하는 게 더 경제적이라 생각한다. 특히 웰빙을 추구하는 1인 가구 생활자늘이 늘어남에 따라 식품업체 역시 신선하고 건강에 유익한 먹거리를 개발하고 소싱하는 식품 MD의 수요를 넓히고 있다. 또한 완전식품뿐 아니라 완조리, 반조리, 즉석식품 등 식품 완성도에 따른 다양한 식품이 출시되고 가정식, 후식, 도시락, 오가닉 등 다양한 메뉴가 인기를 끌면서 이들의 직무 영역도 넓어지는 추세다.

트렌드 3. 새로운 도소매 유통 채널의 탄생과 O2O 서비스의 확산

온라인과 오프라인의 경계를 허물고 두 영역을 넘나드는 비즈니스 모델을 의미하는 O2O와 옴니채널은 이제 1인 가구뿐 아니라 우리 실생활에서 없어서는 안 될 문화 브랜드로 정착되고 있다. 주로 온라인에서 고객을 모아 주문을 받고 오프라인에서 배송을 해주거나 혹은 고객이 직접 오프라인 매장을 방문해 찾아가는 서비스를 통틀어 O2O 혹은 옴니채널이라고 부른다. 예를 들어 백화점의 온라인 사이트에서 구매 결제를 하고 집에서 가까운 매장에서 픽업을 하는 스마트픽과, 온라인으로 주문하고 매장에서 찾아 기다리는 시간을 최소화하는 사이렌 오더 또한 O2O 혹은 옴니채널의 한 형태다.

이처럼 우리 사회 전반에는 고객이 온라인으로 주문하면 배달까지 원스톱으로 책임지는 서비스가 늘어나고 있다. O2O 비즈니스 중 가장 성공한 모델이 식품 배달업체들인데, 배달되는 식품의 종류 또한 치킨, 반조리식품, 유명 식당의 메뉴까지 다양해졌다. 외식에 드는 연료비에 주차 걱정, 기다리는 시간 없이 이젠 소비자들이 집에서 편하게 TV를 시청하면서 서울의 유명 식당에서 조리한 메뉴를 즐길 수 있다. 식품 O2O 비즈니스 호황의 배경에는 일일배송 물류 혁신과 이로 인한 신선식품의 유통 활성화가 존재한다.

그런데 이런 O2O 배달업체들도 이제는 직접 PB 브랜드를 론칭하거나 식품을 소싱하여 수익원을 다각화하고 있다. 한편 비식품 O2O 서비스를 제공하는 업체들도 매우 활발히 사업을 다각화하고 있다. SK플래닛은 옷을 일정 기간 동안 일정 횟수로 대여해 주고 한 달을 기준으로 서비스 비용을 결제받는 비즈니스를 시작했다. 세탁특공대, 마타주 등은 세탁물을 수거하여 배달까지 하고, 계절별로 활용도가 떨어지는 짐을 맡아 보관했다가 필요할 때 다시 배달하는 서비스를 하고 있다.

트렌드 4. 디지털 마케팅의 확대

마케팅에 조금이라도 관심이 있는 사람이라면 SNS 마케팅, 유튜브 마케팅, 블로그나 키워드 마케팅 같은 용어가 전혀 낯설지 않을 것이다. 용어에 따라 마케팅을 구현하는 도구와 수단이 다르지만 소비자의 오프라인 구매 활동을 온라인으로 흡수한다는 면에서 보면 디지털 마케팅이라는 하나의 범주로 통합되는 개념들이다. 이로써 전통적인 마케팅 방식 또한 변화하고 있다. TV나 지면 매체를 마케팅의 도구로 활용하여 잠재 고객을 사로잡았던 ATL(Above the Line) 방식, 옥외 광고나 다이렉트 메일을 통해 좀 더 세분화된 고객을 사로잡으려는 BTL(Below the Line) 방식을 벗어나 디지털 채널을 이용한 신종 마케팅 기법들이 새로운 축을 형성하고 있다.

전통적인 마케팅과 가장 차별화되는 디지털 마케팅 분야 중 하나가 퍼포먼스 마케팅(혹은 분석 마케팅)이다. 이는 소비자들의 상품 검색, 구매, 사용 경험의 전파가 온라인상에서 이뤄짐에 따라 축적되는 무수히 많은 데이터를 기반으로 한다. 이러한 고객 행동 로그 데이터를 분석해 인사이트를 얻고 이를 바탕으로 마케팅 활동을 펼치는 것을 두고 퍼포먼스 마케팅(Performance Marketing)이라 한다.

퍼포먼스 마케팅은 주로 유저 획득이라는 확실한 목표를 향해 4단계에 걸쳐 데이터 분석을 한다. 어느 고객에게 어느 시점에 어떤 마케팅을 할지에 관한 전략 수립을 위해, 우선 소비자가 접근하고 고객으로 전환되기에 이르기까지의 주요 단계를 숫자로 확인하는 퍼널(funnel) 분석을 한다. 그리고 웹디자인과 같은 온라인 영역에서 변수 A와 변수 B에 보이는 반응을 테스트하고, 두 변수 중 어떤 것이 더 효과적인지를 판단함으로써 관심 분야에 대한 결과를 늘리거나 극대화하기 위한 변경 사항을 규명하는 테스트를 실시한다. 다음은 소비자 한 명을 유입시키기 위해 투자한 비용을 계산하는 유저유입비용(UAC)을 분석이다. 마지막으로는 소비자 한 명이 하나의 상품 혹은 기업의 고객으로 남아 있는 기간 동안 발생하는 수익의 총합계를 내는데, 이를 고객생애가치(LTV) 분석이라 한다. 이 네 단계 분석을 통해 마케팅 전략을 수립하고 이를 실행하여 성과를 획득하고자 하는 마케팅이 바로 퍼포먼스 마케팅의 핵심이다.

주요 포지션

소비재업계는 제품과 서비스로 고객의 마음을 사로잡는 산업 분야다. 전통적으로 보면 고객을 위해 좋은 제품을 발굴해 소개하고 판매하는 유통업 성격이 강했지만, 최근엔 직접 제품을 기획하고 제조해 유통 및 판매를 하는 제조업 성격을 동시에 갖는다. 이러한 변화의 배경에는 저출산 고령화 시대의 가속화와 1인 경제생활 인구의 확산이 존재한다. 이런 추세 속에서 소비재업계의 인재 포지션은 어떠한지 살펴보자.

포지션 1. 제조와 유통의 융합 포지션

제조와 유통의 융합 포지션 중 대표적인 사례가 바로 유통기업이 원하는 PB 브랜드 상품기획자다. 타사의 브랜드만을 취급하는 유통사에서 자사 브랜드를 만들어 팔겠다는 전략상 요구에 따른 포지션이다. 이 포지션과 관련해 기업들이 요구하는 직무 내용과 자격사항은 다음과 같다.

국내 대기업 유통사(마트) / 제품 디자이너(10년 이상)

직무 내용
- PB 브랜드 디자인 콘셉트 기획, 상품 패키지, 소재, 컬러, 패턴 스타일 제안
- PB 상품기획 및 개발 참여
- 트렌드와 시장 동향 조사
- 상품군 및 시즌 감안 일관된 디자인 전략 수립 및 실행
- 동일 내용으로 생활용품 및 의류 각 1명

자격 사항
- BM 관련 력 10년 이상
- 상품 디자인(용기/패키지) 기획, 생산, 프로세스 운용, 브랜드 론칭 유경험자
- 상품 출시 전반에 대한 경력이 있는 사람이 적합

두 번째 경우는 유명 화장품 제조기업에서 자사 브랜드를 취급하는 유통망을 가지고 기존 유통 공간 안에 카페를 기획하고자 할 때 공고한 매장 기획자의 포지션이다.

국내 대기업 화장품 제조사 / 음식 음료(F&B) 기획자(3년 이상)

직무 내용
- 신규 카페형 매장 기획 및 오픈
- 상품기획: F&B 신제품 및 OEM 상품 개발/연구
- 국내외 시장조사 및 자료 분석
- 카페 기획 및 중장기 마케팅 전략 수립

자격 사항
- 식품 관련 BM 출신
- F&B 상품 개발 및 기획 경력(신규 브랜드 세팅 경험자 선호)
- F&B 관련하여 관심이 많고 트렌드에 민감한 경력자
- 식품 관련 자격증 소지자 우대
- 카페 운영 경험자 우대

화장품 제조사들이 상품을 만드는 것에서 벗어나 자사 브랜드를 취급하는 유통망을 보유하고 또 그 유통 공간을 카페나 레스토랑처럼 다른 목적으로 활용하기 위해 만든 포지션이었다.

포지션 2. HMR 전문가

1인 가구 및 O2O 서비스의 확대로 가장 호황을 누리고 있는 아이템 중 하나가 바로 식품이다. 생활 스타일에 맞게 완조리-반조리 식품, 즉석식품 등을 기획하고 소싱하는 HMR(Home Meal Replacement) 기획자는 지속적으로 인기를 더하고 있는 포지션이다. 식품 영역뿐 아니라 1인 가구 중심의 라이프스타일을 반영한 서비스와 상품을 기획하는 일은 향후에도 다양한 영역으로 확대되어 새로운 시장을 창출해 낼 것으로 기대된다. 이 포지션과 관련해 기업들이 요구하는 직무 내용과 자격 사항은 다음과 같다.

국내 유통 대기업 / HMR 상품 기획자(10년 이상)

직무 내용
- 조미, 완전/반조리, 즉석 섭취 식품, Home Meal Replacement 상품 개발
- MRE(Meal Ready to Eat), RTE(Ready to Eat), RTC(Ready to Cook), RTH(Ready to Heat) 상품 개발
- 협력사 관리
- 국내외 시장조사 및 자료 분석

자격 사항
- HMR 간편식, 도시락, 즉석 조리 식품 개발 경력
- 글로벌 소싱 및 해외 식품 제조/유통사 경력

포지션 3. 모바일 앱 서비스 기획

요즘은 온라인 소비자들의 구매 툴이 PC에서 벗어나 모바일 중심으로 옮겨 가고 있다. 그에 따라 모바일 서비스 기획 포지션의 채용이 점점 더 활발히 진행되고 있다.

해당 직무의 주요 업무는 모바일에서 구현할 수 있는 서비스 전략을 수립하고 운영하는 것이다. 후보자는 각 서비스 기능별 시나리오 및 최적의 UI를 구축하기 위해 디지털 상품 구성 및 판매, 결제 등 전반적인 프로세스에 대한 이해가 필요하다. 하지만 무엇보다 이 직무에서 요구되는 역량은 사용자 관점에서 서비스를 이해하고 기획하며 편리성을 추구할 수 있도록 끊임없이 개선하는 능력이다. 디지털 콘텐츠에 대한 경험과 이해가 높을수록 도움이 된다.

국내 벤처기업 / 모바일 서비스 기획자(3~7년)

직무 내용
- 모바일의 본질적 핵심 가치와 사용자 니즈 기반 서비스 발전 방향 정의
- 사용자 니즈/이슈/사업 기회 기반 제품 내 주요 과제 정의 및 제품 로드맵 관리
- 과제별 문제해결 방안 기획 및 구체화
- 사용자 피드백 및 이용 행태 분석을 통한 가설 검증 및 기획 보완/고도화

자격 사항
- 논리적이고 체계적인 사고력과 데이터 기반의 문제해결 능
- 모바일/IT 서비스에 대한 높은 이해도와 경험
- 제품 기획서 작성. 유관 부서(UI/UX 디자인, 개발 등)와의 원활한 커뮤니케이션 능력
- 업무 경계를 구분하지 않는 높은 책임감과 서비스에 대한 애정

핵심역량

4차 산업혁명 시대에 소비재업계에서 선호하는 인재의 핵심역량은 단연 기술적 이해와 고객 기반 서비스의 경험 및 온·오프라인을 넘나드는 사업 능력이다. 그런데 무엇보다도 소비재업계란 고객을 빼놓고 말할 수 없다는 점에서, 고객과의 접점에서 축적된 방대한 데이터와 이를 서비스로 확장하는 능력이 각 기업에서 매우 중요해지고 있다.

핵심역량 1. 고객 경험 서비스 분야의 디지털 기술 역량 보유자

4차 산업혁명 기술을 기반으로 소비재업계에서 나타나고 있는 변화 중 하나는 고객 경험 서비스의 확대다. 화장품업체는 이미지 인식 기술을 활용한 앱을 만들어 소비자가 메이크업된 자기 모습을 볼 수 있게 서비스하고 있다. 백화점에서는 가상현실 기술을 도입해, 고객이 직접 옷을 입어 보지 않고도 가상현실에서 옷을 입어 보는 '매직미러' 서비스를 제공하고 있다.

유통업체들은 인공지능 기술을 이용해 고객의 이미지를 인식하여 상품을 찾아주는 서비스를 제공하고 있다. 고객센터에서 일차적으로 고객 상담을 진행하는 챗봇 서비스, 고객이 찾고자 하는 상품을 대신 찾아 주는 쇼핑 로봇 서비스에 따른 디지털 기술 역량 보유자를 채용하려는 수요가 높다.

핵심역량 2. 상품기획부터 마케팅까지 데이터 분석 역량

4차 산업혁명 시대에는 데이터 분석 역량이 필수다. 앞에서도 언급한 바 있지만, 자라 같은 기업은 새 디자인 제품을 극소량만 시험적으로 생산하여 출시한 뒤, 실제 판매 데이터에 근거해 추가 생산을 결정한다. 이러한 방법으로 최적의 원가관리, 재고관리, 비용관리를 하면서 새로운 제조 공정의 생태계를 구축해 가고 있다. 마케팅뿐 아니라 애초에 상품을 기획하는 단계부터 데이터는 매우 중요해졌다. 이로써 소비재기업은 기존의 보유 데이터뿐 아니라 SNS를 통해 접근하는 소비자들의 데이터, 모바일 앱으로 접근하는 고객의 로그 데이터 등을 통해 비정형 빅데이터 분석을 해낼 수 있는 전문가들을 찾고 있다.

핵심역량 3. 온라인과 모바일 역량

사전 인터뷰를 할 때 후보자들이 가장 많이 하는 질문 중 하나다.

"어떻게 하면 제 이력서를 기업들이 좋아하는 이력서로 만들 수 있을까요?"

경력을 꾸미라는 것은 아니지만 가장 먼저 확인할 것이 있다. 그중 하나가 '모바일 관련 경험'이다. 만약 있다면 그 부분을 강조하여 자세히 어필하는 것이 좋다. 특히 이 모바일 관련 경험은 상품기획자, 마케터, 신사업 개발자에게 한결같이 요구되는 역량이다.

기업이 원하는 역량은 우리가 현재 어떤 삶을 살고 있는가를 생각하면 쉽게 유추할 수 있다. 기존에 오프라인으로 하던 많은 일이 컴퓨터로 옮겨 갔고, 지금은 그중 대부분의 일을 모바일기기로 처리하고 있다. 기업에서 요구하는 역량 또한 웹에서 모바일로 이동하고 있다. 기업 내의 모바일 관련 프로젝트에 적극적으로 참여하고, 본인의 직무가 신기술과는 아무런 상관 없는 분야라면 더더욱 디지털 트랜스포메이션을 위해 노력해야 한다. 현재 근무하고 있는 기업 내에서 목소리를 내어 모바일 관련 경험을 꼭 쌓아 보길 권한다. 그것이 향후 이직을 준비할 때 자신을 드러낼 수 있는 강점이 된다면 더욱 의미 있는 일이지 않은가.

채용 및 이직 사례

온라인 공유 택시 사업으로 유명한 실리콘밸리 스타트업의 한국 지사 오퍼레이션 매니저 포지션 채용을 진행한 적이 있다. 기업에서 받은 실제 직무기술서는 아래와 같았다.

1. 채용 포지션: 오퍼레이션 매니저(특별 프로젝트)

2. 담당 업무

- 온보딩(Onboarding): 플랫폼을 시작할 수 있도록 지원
- 프로세스 확장: 잠재 고객 확보, 온보딩, 계정 관리, 교육 등 관련 프로세스가 성장지향적으로 운영되도록 프로세스 설계
- 피드백 수집 및 실행: 파트너와 긴밀한 의사소통을 유지하고 피드백을 프로세스 개선에 반영하기 위한 프로세스 방법론 개발
- 기획 역량: 다양한 수익 구조 설계 및 행동 분석을 통해 비즈니스 사이즈 및 사용량을 확장하고, 최적의 믹스를 개발
- 제품 개선: 파트너의 경험을 향상시키는 제품 기능 및 개선 사항을 적극적으로 판별
- 성향: 해당 도시의 비즈니스 성장에 대한 주인의식 및 일을 수행하는 데 필요한 모든 조치를 취해 사용자와 파트너의 만족도 향상

3. 자격 요건

- 2~5년의 스타트업, 전략 컨설팅, 트레이딩/뱅킹 관련 경력
- 엑셀 숙련자, Salesforce 경험자 우대
- 비즈니스에 긍정적인 영향을 주는 주요 이니셔티브 및 프로젝트에 대한 실증적인 실적을 보유한 프로세스 전문가

- 끊임없이 변화하는 작업 환경에서 주도권을 쥐고, 필요하면 무엇이든 할 수 있다는 사고방식을 채택하는 능력
- 피드백을 긍정적으로 수용하는 능력
- 스타트업다운 접근 방식

　이 회사를 인재 채용 및 사례 기업으로 선정한 이유는 단 한 가지다. 이 회사는 데이터 분석 결과를 바탕으로 고객의 서비스 수요에 맞춰 택시 서비스의 가격 및 공급을 조절하고 결정하는 데이터드리븐 기업이기 때문이다. 이 포지션에 추천한 후보자들은 재무 데이터를 다뤄 본 컨설팅기업의 컨설턴트, 이커머스에 종사하는 데이터 애널리스트, 증권사의 애널리스트 등 다양한 분야에서 데이터를 다뤄 본 사람들이었다.

　태생적 디지털(Born digital) 회사답게 첫 채용 절차는 분석 테스트였다. 엑셀로 작성된 3개의 데이터를 주고 다양한 분석 문제가 객관식으로 주어졌다. 이후 실제 해당 기업의 오퍼레이션 관련 개선 문제가 주관식으로 주어졌다. 후보자들은 한결같이 시간이 부족하고 난이도가 높다고 평가했다. 이 테스트의 경우 직무별 커트라인 점수가 달랐다. 제너럴 매니저와 오퍼레이션 매니저는 80%, 마케팅 매니저는 70%가 커트라인이었다. 즉, 모든 분야에서 데이터 분석 역량을 공통 자격 요건으로 본다는 것이다. 재직자는 준비할 시

간이 여유롭지 않아 분석 테스트는 통과 자체가 어려웠다.

다음으로 아시아 지역 리더들과의 화상통화 인터뷰가 이어졌다. 엑셀 테스트가 후보자의 분석 능력을 평가하는 관문이었다면, 대면 인터뷰는 주로 열정과 문제해결 능력을 검증하기 위함이다. 일본의 경우 한 후보자는 최종 인터뷰를 위해 높은 산에 올라가 정상에서 전화로 화상 인터뷰를 했다고 한다. 이 후보자는 산 정상에 올라 영상으로 파노라마 뷰를 보여 주며 본인의 포부와 열정을 회사에 보여 주고 싶었다는 에피소드를 아시아 채용 담당자가 전해 주었다. 한국 후보들도 열정적인 모습과 자기 홍보를 좀 더 적극적으로 해 주면 좋겠다고 했다.

결국 이 모든 관문을 통과한 최종 입사자는 의외로 이 산업과는 동떨어진, 뉴욕 월스트리트의 투자은행에서 파생금융상품의 리스크 모니터링 업무를 하던 후보자였다. 그녀는 투자은행에서 금융상품을 개발하면서 여러 가지 데이터로 리스크 분석을 한 경험이 있어서 엑셀을 비롯한 데이터 분석 툴을 잘 다룰 줄 알았다. 사실 그녀는 월스트리트에서 퇴사를 하고 한국에 와서 몇 개월 동안 구직을 하고 있던 중이었다.

비록 전혀 다른 사업 영역, 그것도 현직에 있지 않은 후보자였지만 타블로를 이용하여 데이터를 시각화할 줄 알고 데이터를 분석하여 비즈니스를 이해하는 역량이 탁월한 후보자였다. 데이터 분석을 통해 오퍼레이션을 개선하는 역량이야말로 이 기업이 원하던 역량이었기에, 해당 산업에 대한 경력이 전무한 후보자였음에도 성공적으로 입사하게 되었던 것이다.

* * *

4차 산업혁명의 시대의 일자리가 인공지능과 로봇 기술 분야에만 있는 것은 아니다. 위에 언급된 직무들은 인문계 출신들이 충분히 할 수 있는 일들이다. 4차 산업혁명 시대라고 해서 기술과 직접 연계된 직무만 할 필요는 없다. 본인이 종사하고 있는 분야가 기술의 진보로 어떠한 변화를 겪게 될 것인지 예측해서 최소한의 학습과 노력으로 4차 산업혁명 시대에 필요한 인재가 되어야 한다. MD, BM이 로보틱스를 배울 필요는 없지만, 본인의 영역을 세상에서 좀 더 빛나게 만드는 준비와 끊임없는 시도는 매우 중요하다. 인공지능이 대체할 수 없는 영역을 개척하는 일이 지금 바로 당신이 풀어야 할 과제이기 때문이다.

3

4차 산업혁명 시대

이직의
기술

일자리 갈아타기 전략의 모든 것

　어느 겨울 그는 이직을 하고 싶다며 필자를 찾아왔다. 상기된 얼굴로 "선생님의 강의를 들은 후 이직을 더 이상 미룰 수 없게 되었습니다. 이번엔 기필코 이직해야겠으니 꼭 도와주시면 고맙겠습니다"라고 했다.

　잠시 망설였다. 이직을 하겠다는 사람은 많지만 이직에 성공하는 이는 그리 많지 않기 때문이다. 그런데 그는 달랐다.

　그는 열 명 남짓한 직원이 일하고 있는 외국계 회사의 한국 지사에 다니고 있었다. 회사에서 약 6년간 영업 관리 업무를 담당하던 그는 회사 사정이 악화되자 사업 개발 업무를 자처했다. 1년 사이에 절반에 가까운 직원들이 구조조정으로 회사를 떠났기 때문이다. 살아남으려면 새로운 시도를 할 수밖에 없었다. 신규 거래처가 확보되고 매출이 늘면서 그는 가까스로 회사에 남을 수 있었다. 하지만 불안감은 더욱 거세게 그를 조여 왔다.

회사에서 잘리면 어떻게 먹고살아야 하나?

아이와 아내 얼굴이 떠오른 그는 마음이 무거웠다. 수년째 저축한 푼 못 하고 겨우겨우 생활을 이어 가고 있는 형편이었다. 구조조정으로 몇 년째 연봉은 동결되었고 월급은 세 식구가 먹고살기에 빠듯했다. 가장 역할도 제대로 못 하는 자신이 한심해 자괴감이 일었다.

그는 세 가지 이유로 이직이 어려워 보였다. 첫째, 전문성이 불분명했다. 오랫동안 영업 관리 업무를 했는데 이는 그다지 전문성이 우수한 분야가 아니었다. 둘째, 나이가 많았다. 마흔이 넘으면 이직의 성공 가능성은 점점 낮아진다. 셋째, 종사했던 산업의 업황이 좋지 않았다. 업황이 좋지 않으면 채용은 줄기 마련이다. 경기도 좋지 않은데 전문성마저 높지 않고 나이가 많은 사람을 채용하고 싶은 회사가 얼마나 될까?

그러나 이듬해 여름 그는 이직에 성공했다. 필자와 함께 취업 전략을 수립하고 입사 지원 회사를 선별해 이력서를 쓰고 고치고 하기를 수차례 거듭했고, 면접을 앞두고는 실전 리허설까지 했다. 감격의 합격 통지를 받은 후에는 평판조회에 대처했고 전략적으로 연봉협상에 임했다. 새 직장에 입사한 후에는 소프트랜딩을 위해 노력했다. 그는 인생의 마지막 직장을 위해 최선을 다했다.

3부에서는 그와 함께 했던, 이직을 위한 모든 활동을 상세히 다룬다. 3부 2장에서는 이직을 해야 할 때를 짚어 보고 커리어 앵커 점검으로 이직 전략을 수립하는 방법을 알아본다. 많은 이들이 궁금해하는 헤드헌터와의 접촉, 외국계 기업으로의 이직, 연봉이 낮아지는 이직에 대한 이야기도 다룬다. 3장에서는 성공적인 이직을 위해 무엇을 준비할 것인가를 다루었다. 이직 준비를 위한 정보 수집법, 헤드헌팅회사 선택법, 이력서 작성법에 대한 이야기를 정리했다. 4장에서는 면접과 퇴사를 위한 구체적인 절차를 다루었다. 일반적인 대면 면접뿐 아니라 전화 면접, 프레젠테이션 면접, 영어 면접 등의 세부 내용도 알아본다.

또한 최근 중요성이 커지고 있는 평판조회와 이직의 마지막 관문인 연봉협상 노하우, 그리고 새 직장에 소프트랜딩하는 팁도 정리했다.

여러 가지 핸디캡에도 불구하고 그가 이직에 성공한 비결은 무 엇일까?

무엇보다 정교한 이직 전략을 수립하고 전략적으로 접근했기 때 문이다. 그는 과거 자신의 고객사였던 회사에 입사했다. 고객사에 채용공고가 난 후 발 빠르게 움직였고 그의 적극성과 성실성을 알아 본 고객사의 한 파트너가 그를 물심양면으로 도와주었다. 그는 이번 이직으로 연봉이 20% 가까이 올랐고 MD라는 새로운 타이틀을 얻 었다. 외주 제작사의 품질관리가 중요했던 회사의 특성상 그의 중국 어와 영어 실력도 큰 역할을 했다. 이처럼 성공적인 이직을 위해서 는 각각의 단계에서 자신이 가지고 있는 내·외부 자산을 효과적으 로 활용해야 한다. 이직은 자신의 모든 역량을 최적의 타이밍에 최 대한 쏟아부어야 완성할 수 있는 종합예술과 같기 때문이다.

이직을 고려하고 있는가?

그렇다면 지금이 정말 이직을 할 시기인지부터 점검해 보자. 그 리고 정교한 이직 전략을 수립하기 위해서는 어떤 준비가 필요한지 하나씩 알아보자. 당신을 성공적인 이직으로 안내할 이직의 기술을 지금부터 공개한다.

이직을 고민하고 있다면

커리어 코칭을 하다 보면 '이직' 문제를 들고 오는 직장인들이 많다. 매년 초 설문조사에서 직장인의 새해 소원 1위가 이직인 것을 보면, 직장인에게 이직은 주요 관심사임이 분명하다.

문제는 이직을 해야 할 때와 하지 말아야 할 때를 판단하기가 쉽지 않다는 점이다. 개인이 처한 상황이나 보유하고 있는 역량, 삶에서 가장 중시하는 가치의 순위에 따라 선택이 달라질 수 있고 결과도 다르기 때문이다.

언젠가 만난 그녀는 자신의 전문성을 키울 수 없는 조직 문화 속에서 소진되고 있다고 했다. 잦은 조직 개편으로 거의 6개월에 한 번씩 상사가 교체됐는데 상사들은 실무는 모르면서 자기 밥그릇 챙길 궁리만 하는 '꼰대'들이라는 것이다. 그녀는 자신이 하는 일이 상사의 체면치레를 해 주는 일로밖에 느껴지지 않았다. 기어코 그녀는 자신의 능력을 제대로 발휘할 수 있는 곳이라면 모험도 불사하리라 결심했다. 청운의 꿈을 품고 잡 마켓에 뛰어들었지만 결국 이직에 실패했다.

그녀가 실패한 이유는 무엇이었을까? 그녀에게는 절실함이 부족했다. 그녀는 그저 '어떤 자리인지 한번 보겠다'라는 마음가짐으로 면접에 임했고, 면접관들은 그녀의 마음을 꿰뚫어 보았다. 또한 막상 이직을 하려니 포기해야 할 것들이 너무 많았다. 별거 아니라고 생각했던 회사의 브랜드가 아까웠고 새 회사의 불안정성과 리스크가 크게 느껴졌다. 손에 쥐고 있는 것을 놓지 못하니 그 자리에 머무를 수밖에. 그녀는 여전히 불평불만으로 가득 찬 직장 생활을 하고 있다.

이직은 신중하게 고려하고 실천에 옮겨야 한다. 필자 역시 오랫동안 직장 생활을 하면서 수차례 이직을 했고 수년간 헤드헌터로 일하며 직장인들의 이직을 도왔지만, 이직으로 해결될 수 있는 문제는 사실 매우 한정적이다. 그렇다면 이직을 해야 하는 상황이란 어떤 것일까? 이직을 위해 무엇을 점검해야 할까? 이직을 위해 각

오해야 할 것들은 어떤 것일까?

이 장에선 이러한 질문에 대한 답을 제시한다. 이직을 고민하고 있다면 지금이 정말 적당한 타이밍인지, 그리고 자신의 커리어 앵커가 어디에 있는지를 점검해야 한다. 또한 이직에 대처하는 자신의 자세가 어떠한지도 진지하게 점검해 봐야 한다. 너무 쉽게 이직을 생각하고 있는 것은 아닌지, 지름길을 찾고 있지는 않는지, 이직에 대한 환상을 갖고 있는 건 아닌지도 생각해봐야 한다.

이직의 5가지 타이밍

어느 곳에 있든 머물러야 할 때가 있고 떠나야 할 때가 있다. 일도 마찬가지다. 계속해야 할 때가 있고 마침표를 찍어야 할 때가 있다. 회사도 그렇다. 과감히 이직해야 할 때가 있고 마음 잡고 계속 다녀야 할 때가 있다. 문제는 상황을 제대로 파악하고 현명한 결정을 하기가 쉽지 않다는 데 있다. 이직을 해야 할 때 주저하다 때를 놓치는 경우도 있고, 꾹 참고 다녀야 할 때 경솔하게 행동하다 곤경에 처하기도 한다. 반드시 이직을 해야 할 때는 언제일까?

변화경영 전문가 구본형은 자신의 책 『내가 직업이다』에서 '회사를 버려야 할 때'를 다음과 같이 세 가지로 정의한다. 그는 다음의 경우가 생기면 회사에 대한 미련을 버리고 떠날 준비를 하라고 조언한다.

타이밍 1. 무기력과 무능함이 회사 전체를 감싸고 있을 때

무기력과 무능함이 회사 전체를 감싸고 있을 때다. 처음부터 무능한 회사는 없다. 하지만 어느 순간 무능해지기 시작한다. 미국 콜롬비아대학의 로렌스 피터 교수는 '피터의 법칙'을 발견했다. 그의 주장에 따르면, 누구든 자신의 능력이 한계에 이를 때까지 승진한다. 그러나 어느 단계까지 승진하면 적절하게 임무를 수행하지 못하는 무능한 상태에 이르게 되고 조직에 방해가 되는 존재가 된다. 그런 사람들이 가득한 조직은 무능력한 기업이다. 이런 조직에서는 기회를 잡을 수 없다.

타이밍 2. 조직 내 부패한 관행이 번지고 있을 때

부패가 만연하여 관행이 되고 더러운 관계에 연루된 사람들이 윗자리에 앉아 있는 경우다. 자신도 그렇게 될 것이라고 생각될 때, 가능하면 빨리 떠나는 것이 좋다. 조직 내 많은 사람이 결탁과 부패를 성공의 지름길로 생각한다면, 혼자 독야청청한들 무얼 할 수 있을까. 이런 사람들이 많아지면 조직은 부패한다. 성공의 고리에서 부패를 끊어 내지 못하면 언젠가 발목을 잡히고 만다. 부패 속에서 기회를 찾지 말자. 인생을 망치는 첩경이다.

타이밍 3. 기업문화의 숨결이 느껴지지 않을 때

기업문화가 자신과 어울리지 않을 때다. 능력이 문제가 아니라 기질과 가치관의 차이가 심할 때는 떠나는 것이 좋다. 모두에게 좋은 회사는 없다. 자신에게 맞는 회사와 맞지 않는 회사가 있을 뿐이다. 인재 또한 마찬가지다. 어느 조직에서는 무능했던 인재가 다른 조직에서는 대단한 활약을 보이기도 한다. 기업문화는 인재가 숨쉴 수 있는 공기이자 능력을 펼칠 수 있는 무대와 같다. 그것은 쉽게 변하지 않는다. 각자가 선택해야 할 문제다.

타이밍 4. 더 이상의 성장이 주저될 때

위의 세 가지와 더불어 필자는 두 가지 타이밍을 추가하고자 한다. 우선 다음 다섯 가지 질문을 자신에게 해 보자. '조직의 이슈'가 아니라 '개인의 성장'과 관련된 것이다. 5개 중 3개 이상 '아니다'라는 답이 나오면 과감하게 결단을 내리자.

1. 지난 1년간 이 회사에서 학습과 성장의 기회를 가졌는가?
2. 지금의 직무를 통해 앞으로 이 분야의 전문가가 될 수 있는가?
3. 조직 내에서 3년 후 내 모습이 매력적으로 그려지는가?
4. 나의 의견이 상사나 동료에게 비중 있게 받아들여지는가?
5. 함께 일하는 동료들을 믿고 존중할 수 있는가?

월급이 꼬박꼬박 나오고 연차가 차면 승진시켜 주는 회사가 좋은 회사라고 생각하는 사람, 정년이 보장되니 정년까지 버티기 전략으로 일관하리라 생각하는 사람은 인공지능이 인간을 대체하는 4차 산업혁명의 시대에 도태될 수밖에 없다.

타이밍 5. 연봉의 만족도가 흔들리기 시작할 때

마지막으로 현실적인 이슈도 하나 추가하자. '연봉'에 관한 것이다. 다음과 같은 경우라면 이직을 고려하자.

1. 최근 3년간 연봉이 동결 또는 삭감되거나 물가상승률 미만으로 인상되었다.
2. 아무리 허리띠를 졸라매도 생활비가 부족해 빚이 늘고 있다.

회사 업무가 재미있고 함께 일하는 사람들도 좋은데 연봉이 너무 적어서 이직을 고민하고 있다는 직장인을 상담한 적이 있다. 네 식구의 가장인 그는 회사에서 수년째 연봉을 올려 주지 않았다며, 연봉 인상 안 해 주면 퇴사하겠다고 통보했는데 앞으로 어찌하면 좋겠냐고 물었다. 어떻게 해야 할까?

세부 환경을 알아야 효과적인 조언을 할 수 있겠지만, 일단 생활비가 부족할 정도라면 이직을 고려하라고 조언하고 싶다. 가장으로

서 개인적인 만족감 때문에 가족 부양을 등한시한다면 그것 또한 직무 유기일 수 있지 않은가.

하지만 성급하게 결정할 일은 아니다. 이상과 현실을 명확히 인지하고 해결책을 찾는 것이 중요하다. 먼저 회사 내 모든 직원의 연봉이 동결되었는지, 자기만 그런 것인지 알아보자. 자기만 그런 것이라면 이직하는 것이 좋다. 회사에서 능력을 인정받고 있지 못하거나, 아니면 능력은 있는데 회사가 굳이 인정하고 싶지 않다는 의미다.

가능하다면 이직을 할 때 산업이나 직무의 변경을 고려해 보자. 산업에 따라 같은 직무를 하더라도 연봉 차이가 있을 수 있다. 같은 인사 업무를 하더라도 유통이나 패션회사보다 금융이나 전자회사의 연봉이 더 높다. 또한 직무를 변경할 용의가 있다면 영업이나 마케팅과 같이 성과에 따라 추가 보상을 기대할 수 있는 직무도 고려해 보자.

'이직만 하면 모든 문제가 해결될 거야'라고 생각하는 직장인들이 많다. 그런 생각은 착각이다. 변화에 적응할 준비가 되어 있지 않다면 이직은 개인에게 재앙이 될 수 있다. 이직을 고려하고 있다면 자신이 어떤 마음가짐으로 일에 임하고 있는지를 먼저 점검하자. 그리고 무엇을 바꿔야 문제가 해결될 수 있는지를 생각하자.

자신의 커리어 앵커를 점검하자

기업문화의 아버지라 불리는 세계적인 석학 에드거 샤인(Edgar Schein) 박사는 1961년부터 MIT 슬론스쿨 MBA 과정에 있는 남학생들을 인터뷰하고 1973년에 그들을 다시 만났다. 샤인 박사는 그들에게 커리어와 관련하여 의사결정을 한 이유를 묻고 그들의 응답에서 패턴을 도출하여 8가지 커리어 앵커(career anchor: 경력 지향성)를 고안했다. 샤인 박사는 누구나 잠재의식에서 우러나는 기본적인 닻에 매여 있기 때문에 외부 압력에도 쉽게 직업을 바꾸지 못한다고 분석한다. 커리어 앵커는 사람들이 내재적으로 가지고 있는 커리어에 대한 선호도와, 일생에 걸쳐 직업과 관련된 선택을 할 때 포기하지 않는 경향성을 의미한다. 이와 관련된 8가지 개념을 간략히 살펴보자.

전문가형

'전문가형'은 특정한 일에 대해 뛰어난 역량과 높은 동기를 가지고 있으며 전문가로서 느끼는 만족감을 중요시 한다. 이들은 자신의 일과 관련된 내용, 지향하는 전문성 영역, 그리고 해당 영역에서의 기술 발달 상황에 따라 정체감을 형성한다. 전문가형은 승진이나 연봉 인상보다 자신이 전문가로 성장하고 있다는 성취감을 중요하게 여긴다. 엔지니어와 전문 연구원 중에 전문가형이 많다.

총괄관리자형

'총괄관리자형'은 리더형으로 승진과 높은 보수, 조직의 성공에 기여하는 것을 가치로 삼는다. 이들은 중요한 의사결정에서 소외되는 것을 참지 못한다.

자율독립형

'자율독립형'은 규칙과 절차, 근무 시간, 복장 규정 등 규율에서 벗어나 자기만의 방법과 속도로 일하길 원한다. 스타트업에서 일하는 자유로운 영혼들이 자율독립형에 속한다.

안전안정형

'안전안정형'은 안정감이 있고 미래 예측 가능한 업무를 선호한다. 종신고용과 탄탄한 은퇴 설계, 보상이 분명한 조직을 원한다. 공무원이 되길 꿈꾸는 수많은 공시족이 안전안정형이라 할 수 있다.

기업가적 창조형

'기업가적 창조형'은 새로운 조직을 만들어 자신만의 방법으로 새로운 일을 하길 원한다. 때로 이들은 일상적이며 평범한 직업을 갖기도 하는데 이는 자신의 사업을 준비하는 과정인 경우가 많다.

봉사헌신형

'봉사헌신형'은 그들이 하는 일과 속한 조직이 더 나은 세상을 만드는 데 얼마나 기여하고 있는지를 중요하게 여긴다. 적은 보상에도 아랑곳하지 않는다. NGO와 시민단체 등에서 일하는 사람들 중에는 봉사헌신형이 많다.

도전형

'도전형'은 지속적인 도전과 경쟁을 즐기는 사람이다. 이들에게 성공은 다양한 장애물을 뛰어넘고 역경을 극복해 나가는 것을 의미한다. 이들은 직장 생활을 하면서도 지속적인 직무 변경과 이직을 경험하는 사람들이다.

라이프스타일형

'라이프스타일형'은 일과 삶의 균형과 조직의 개방성을 중요하게 여긴다.

나만의 커리어 앵커 만드는 법

『시계를 멈추고 나침반을 보라』의 저자 박승오와 홍승완은 커리어 앵커를 '직업가치'라는 말로 정의한다. 직업가치는 일을 바라보는 관점이자 일에 임하는 태도다. 이는 '내가 일을 통해 얻고 싶은 것은 무엇인가?'라는 질문에 대한 답이라고 할 수 있는데, 직업 선택이나 이직 등 커리어와 관련된 중요한 의사결정의 기준이다. 직업에 대한 가치 기준이 명확하고 그에 따라 직업을 결정하는 이들은 일의 노예가 아니라 주인이다.

직업가치를 보여 주는 여러 가지 키워드가 있다. 도표를 보고 자신에게 중요한 직업가치를 3가지 정도 골라 보자. 자신의 커리어 앵커를 찾는 데 도움이 된다.

관계	모험과 도전	성취감	독립성
도덕성	돈	정신적 성장	다양성
인정	고용 안정	건강	공정함
자유	지식과 기술	전망	마음의 평화
사회적 지위	창의성	사회적 공헌	일과 삶의 균형
능력의 발휘	재미와 열정	재능 계발	탐구심

여기서 한 가지 주의할 점이 있다. 3가지밖에 되지 않는다고 해도, 현실에서 이를 완벽히 실현하기는 쉽지 않다. 따라서 우선순위를 정하고 시기와 상황에 따른 최적의 선택을 하는 것이 최선이라고 생각한다.

많은 이들이 연봉이 높고 일과 삶의 균형이 가능한 직장을 원한다. 하지만 전문성이 낮은 사람은 일을 적게 하고 돈을 많이 벌 수 없다. 자신이 현재 어느 위치에 있는지, 삶에서 무엇이 더 중요한지를 먼저 살펴야 한다. 예를 들어 사회 초년생은 연봉이 조금 적더라도 일을 제대로 배우고 재능을 더 개발할 수 있는 직장을 고르는 것이 좋다. 반면 은퇴를 앞둔 사람이라면 은퇴 후 하고 싶은 일의 기반을 닦을 수 있는 직장으로 옮기는 것이 좋다. 워킹맘이라면 아이를 잘 돌보면서 일을 할 수 있어야 한다. 직업가치의 우선 순위를 정하고 이에 대해 유연하고 개방적인 태도를 갖는다면 직장 생활의 만족도를 높일 수 있다.

샤인 박사는 커리어에 관한 의사결정이 필요할 때 다음 세 가지 질문을 하라고 조언한다.

1. 나는 무엇을 하고 싶은가?
2. 나는 무엇을 할 수 있는가?
3. 나는 무엇을 할 때 의미를 느끼는가?

평생 직장이 사라지고 고용 불안의 광풍 속에서 흔들리는 직장인들이 많다. 헤드헌터나 커리어 코치에게 '어디로 가야 할지 모르겠다'고 하소연하는 이들도 많다. 어찌 되었든 향후 전망이 밝은 분야로 가는 것이 좋지 않으냐고도 묻는다. 하지만 이때 당신이 해야 할 가장 중요한 일은 남이 아닌 자신에게 본질적인 질문을 하는 것이다. 어디로 가고 싶은지, 어디로 갈 수 있는지, 어디에 있을 때 의미와 가치를 느끼는지 안다면, 자신에게 꼭 맞는 커리어 로드맵을 그릴 수 있다.

이직을 앞둔 직장인의 5가지 유형

취업 포털 잡코리아가 성인 남녀 직장인 1,139명에게 '퇴사 충동'에 관한 설문조사를 한 적이 있다. 놀랍게도 10명 중 9명(94.5%)이 퇴사 충동을 느껴 본 적이 있다고 답했다. 퇴사 충동을 느끼는 때는 언제일까? 가장 많은 답변은 '낮은 급여, 나쁜 복리후생 등 열악한 근무 환경을 깨달았을 때(30.9%)'였다. 이어 '상사, 동료, 부하 직원과의 관계가 원만치 않을 때(16.4%)', '일이 재미없고 적성에 맞지 않을 때(13.9%)'라는 답변이 이어졌다. 그렇다면 이들 중 실제로 퇴사를 한 사람은 얼마나 될까? 실제로 사표를 던진 직장인은 1.4%에 불과했다. 대부분이 가족을 생각하며 버티거나(20.2%), 휴가나 여행으로 마음을 다시 먹는 것(18.7%)으로 나타났다. 하지만 '채용공고를 찾아보는 등 적극적으로 이직을 준비한다'라고 답한 직장인도 30.3%에 달했으며, '기업이 열람할 수 있도록 이력서를 공개해 두는 등 소극적으로 이직을 준비한다'라고 답한 직장인은 13.5%였다.

많은 직장인들이 이직을 꿈꾸지만 이에 대처하는 자세는 가지각색이다. 그럼 보다 구체적으로 이직에 대처하는 직장인의 5가지 유형을 살펴보자.

파랑새형

벨기에의 극작가 모리스 마테를링크(Maurice Maeterlinck)가 1908년에 지은 동화극 〈파랑새(L'Oiseau bleu)〉의 주인공 틸틸과 미틸 남매는 자신의 아픈 딸을 위해 파랑새를 찾아 달라는 요술쟁이 할머니의 부탁을 받고 길을 떠난다. 남매는 추억의 나라, 밤의 궁전, 달밤의 묘지 등 신비한 곳들을 돌아다녔지만 파랑새를 찾는 데 실패한다. 긴 꿈속 여행을 끝내고 잠에서 깨어난 남매는 파랑새가 자기 집새장 안에 있다는 사실을 발견한다. 이 동화는 행복은 먼 곳이 아니라 가까운 곳에 있다는 사실을 일깨워 준다.

한 직장에 오래 머물지 못하고 계속해서 이직을 꿈꾼다면 '파랑새 증후군'에 걸린 것은 아닌지 점검해야 한다. 완벽한 직장은 현실에 존재하지 않는다. 자신이 창업을 해도 완벽한 직장을 만들기는 쉽지 않다. 그러니 현실에 두 발을 딛고 작은 봉우리를 하나하나 넘어서려는 태도가 필요하다. 현실에서 작은 성취를 만들어 나가다 보면 자신의 새장 속에 살고 있는 파랑새를 발견할 수 있을 것이다.

여우형

이솝 우화에 등장하는 여우처럼 이들은 이직이라는 포도를 따 먹기 위해 몇 번의 시도를 한다. 하지만 번번이 실패한다. 그러면 여우는 '저 포도는 분명히 신포도일 거야'라고 자신을 합리화한다. 현실에서 더 이상 실망을 느끼지 않기 위해 자신의 행동이나 생각을 정당화할 그럴듯한 이유를 찾아내 방어기제로 사용하는 것이다. 파랑새를 찾아 여기저기 헤매는 것도 바람직하지 않지만, 몇 번의 실패로 이직의 가능성을 완전히 차단하고 자신이 만든 동굴에 머무는 것도 안타까운 일이다. 특히 불타는 배의 갑판에 서 있다면 빨리 결단해야 한다. 그러지 않으면 더 큰 대가를 치를 수도 있다. 자신이 혹시 안전지대에 머물며 변화를 두려워하는 것은 아닌지 점검해 보자.

대충형

세상에서 가장 무서운 곤충은 무엇일까? '대충'이다. 국민대 교양학부 이의용 교수는 요즘 대학생들이 대충이라는 벌레에 사로잡혀 다음과 같은 악순환을 거듭한다고 지적한다.

매사를 귀찮아한다 → 최대한 미룬다 → 몰아서 한꺼번에 한다 → 결국 실패하거나 포기한다 → 후회한다 → 앞의 순서를 다시 반복한다.

직장인 중에도 이 '대충'에 발목 잡힌 이들이 많다. 이들은 자신의 조직 내 위치, 전문성, 성장 가능성, 인적 네트워크 등 일하며 반드시 챙겨야 할 것에는 관심이 없다. 별생각 없이 지내다 구조조정과 같은 이직 상황에 몰리면 아무 준비 없이 이직 시장에 뛰어든다. 하지만 백전백패다. 후회를 거듭하지만 나아지는 것은 없다. 다른 결과를 기대한다면 다른 시도를 해야 한다. 대충이라는 벌레를 과감히 물리치는 용기가 필요하다.

순정파형

'첫 직장이 마지막 직장이고 내 인생에 이직은 없다!'라고 외치는 순정파 직장인들이 있다. 이들은 회사와 사랑을 한다. 사랑을 배신할 수 없으니 이직은 상상할 수도 없다. 이들이 회사와 사랑을 계속 이어 갈 수 있다면 괜찮다. 하지만 요즘은 어쩔 수 없이 회사와 이별해야 하는 상황도 자주 발생한다.

평생 직장이라 생각하고 입사한 회사에서 떠밀려 나와야 하는 사람들이 수만 명에 이르는 현실을 생각하자. 혼자만 짝사랑하다 회사에 버림받고 눈물 흘리지 않으려면 자신의 위치를 냉정하게 돌아봐야 한다. 아무리 사랑해도 떠나보내야 할 상황이 생긴다. 배신당하지 않으려면 인재 시장에서 살아남을 수 있는 경쟁력을 갖추어야 한다.

전략가형

대부분의 직장인들은 회사 일에 전략적으로 접근한다. 각종 지표를 조사해 상황을 파악하고 전략을 수립한다. 전문가를 찾아가 조언을 구하고 계획을 짠다. 실패할 경우를 대비해 플랜B도 마련한다. 프로젝트가 종료된 이후에는 성공과 실패를 복기하고 무엇이 문제인지를 알아낸다.

이직에도 전략적으로 접근하는 이들이 있다. 이들은 헤드헌터나 커리어 코치를 찾아가 자신의 객관적 위치를 파악한다. 이직 가능성이 높은 곳이 어디인지, 어떻게 경력기술서를 작성해야 하는지 조언을 구한다. 이직하고자 하는 회사의 정보를 수집하고 결정적인 순간에는 주저 없이 결단을 내린다. 면접 예상 질문을 뽑아 준비하고 리허설도 수차례 반복한다. 면접 후에는 감사 메일까지 챙긴다.

당신은 어떤 유형인가? 성공적인 이직을 원한다면 어떤 유형이 되어야 할까?

헤드헌터의 전화를 받았을 때

헤드헌터로서 일을 하다 보면 이런 문의를 하는 직장인들이 더러 있다.

얼마 전 어떤 헤드헌터의 전화를 받았습니다. 제 이력을 알고 있었고 모 회사로 이직을 권유하더군요. 경쟁 회사의 포지션을 제안했습니다. 전 당장은 아니지만 이직에 관심이 있으니, 향후 다시 연락을 달라고 하며 전화를 끊었습니다. 그런데 그 헤드헌터는 제 전화번호를 어떻게 알았을까요? 저는 잡포털이나 서치펌에 이력서를 등록한 적이 없습니다. 그리고 헤드헌터의 전화를 받으니 막상 어떤 태도를 보여야 할지 모르겠더라고요. '이 사람 믿어도 되나?' 하는 생각이 들고요. 헤드헌터의 전화를 받으면 무엇을 물어봐야 할지 알려 주세요.

일단 헤드헌터의 전화를 받았다면 자부심을 가질 필요가 있다. 이직 의사를 밝힌 적이 없는데 헤드헌터가 먼저 전화했다면 누군가 당신을 유망한 인재로 추천한 것이라고 볼 수 있다. 그러니 헤드헌터에 대한 의심의 눈초리는 거두어도 괜찮다. 왜냐하면 헤드헌터는 당신에게 영업을 할 필요가 없기 때문이다. 헤드헌터는 회사에서만 수수료를 받는다. 만일 돈을 요구하는 헤드헌터가 있다면 당장 전화를 끊으면 된다.

통화는 실전 인터뷰처럼

헤드헌터에게 전화가 오면 어떤 것을 물어봐야 할까? 우선 제안하는 포지션에 대한 세부 사항을 물어보자. 전화를 하게 된 경위는 무엇인지, 채용 배경은 무엇인지, 회사는 어떤 곳인지, 상사는 어떤 사람인지, 회사가 어떤 인재를 선호하는지, 담당 업무가 무엇인지, 해당 포지션으로 옮길 경우 경력에 어떤 이익이 있을지를 물어보면 지원 여부를 결정하는 데 도움이 된다.

만약 헤드헌터가 회사와 포지션, 그리고 경력계발의 기회 요인까지 정확히 짚어 준다면 그 사람과 지속적인 관계를 맺는 것이 좋다. 이번이 아니더라도 다음 기회를 기약해도 괜찮은 헤드헌터일 수 있기 때문이다. 그래도 마음이 놓이지 않는다면 헤드헌터가 소속된 서치펌의 홈페이지를 방문해 보자. 홈페이지에 있는 헤드헌터의 프로필을 참고하면 도움이 된다.

한 외국계 기업의 한국 지사에서 파이낸스 매니저를 채용한다고 가정해 보자. 이 회사가 서치펌에 채용 의뢰를 했고 당신이 유력한 후보자로 지목되었다면, 당신은 가장 먼저 헤드헌터의 전화를 받게 된다. 헤드헌터의 전화는 채용 포지션을 설명하고 지원 의사를 확인하기 위함이다. 하지만 헤드헌터는 전화를 통해 지원자의 의사소통 능력과 태도, 이직에 대한 의지 등을 확인하기도 한다. 헤드헌터는 인사팀에 지원자를 추천할 때 '추천 코멘트'라는 것을 보낸다. 지원자의 경력과 전문성, 이직 사유, 주요 역량 등을 포함하는데 헤드헌터는 관련 사항을 지원자와의 전화 통화에서 얻는다. 따라서 헤드헌터의 전화를 받았다면 채용 담당자와의 사전 인터뷰라 생각하고 진지하게 임하길 권한다.

통화에서 꼭 주의할 점 한 가지

헤드헌터가 전화를 걸었을 때 '저 그 회사 잘 알아요. 내부에 지인이 있으니 그 사람을 통해서 지원할게요'라고 말하며 전화를 끊는 사람들이 있다. 물론 회사 내부에 있는 지인이 자신에 대해 더 잘 평가해 준다면 합격 확률이 높을 수도 있다. 또한 헤드헌터를 통하면 회사가 채용 수수료를 지급해야 하니 이왕이면 내부 직원이 소개한 사람을 더 선호할 거라고 생각할 수도 있다.

과연 헤드헌터가 아닌 지인을 통한 이직이 더 유리할까? 꼭 그렇지만은 않다. 회사는 비용이 안 든다는 이유만으로 만족스럽지 않은 인재를 채용하지 않는다. 좋은 인재라면 기꺼이 비용을 지불해서라도 채용한다. 지인을 통해 지원하면 추천인이 누구인가에 따라 결과가 달라질 수 있다. 추천인이 조직 내에서 영향력 있는 핵심 인재라면 좋은 결과를 기대할 수 있지만 그렇지 않다면 오히려 역효과가 날 수도 있다.

어떻게 하면 관계를 지속할지 고민하라

헤드헌터를 통해 지원할 때 좋은 점이 또 있다면 연봉이나 직급,

처우 등의 협상에서 보다 유리한 위치를 확보할 수 있다는 점이다. 지인 추천의 경우 협상 요건을 인사팀에 강력히 어필하기가 쉽지 않지만, 헤드헌터를 통하면 이들이 회사와 지원자 사이에서 미들맨 역할을 수행해 직접적인 갈등 없이 합의점을 찾아 줄 수 있다는 사실을 명심하자.

요즘 헤드헌터들은 산업별로 활동한다. 헤드헌터는 해당 산업의 전반적인 상황과 채용 트렌드를 파악하고 있는 전문가다. 이들을 자신의 경력계발을 위한 조언자이자 커리어 코치로 활용하자. 이직이 아니더라도 회사에서 마주할 수 있는 다양한 이슈에 관해 의견을 들을 수 있다. 유능한 커리어 코치와 지속적으로 교류한다면 경력 가치를 높여 성공적인 커리어 관리에 도움을 받을 수 있다.

외국계 기업으로 이직을 원할 때

국내 대기업 소속의 한 연구소에서 엔지니어로 일하고 있던 30대 남자가 이메일을 보내온 적이 있다. 그는 외국계 기업으로 이직하고 싶어 했다. 지금 다니는 회사는 너무 보수적이고 개인 생활을 전혀 할 수 없는 분위기라 괴롭다고 했다. 매일 계속되는 야근과 주말도 없는 특근 때문에 건강도 나빠졌고 윗사람 눈치 보다 청춘이 다 가는 느낌을 받는다고 했다. 한 해에도 수차례 반복되는 조직 개편 때문에 자신의 전문성을 높일 수 있는 환경도 아니라는 것이었다. 그는 자괴감까지 든다고 솔직히 고백했다. 대학 동창 중 외국계 기업에 다니는 친구는 해외 출장도 자주 다니고 연봉도 높다고 했다. 외국계 기업은 자유로운 분위기에서 합리적으로 일한다는데, 외국계 기업으로 이직하면 훨씬 더 나은 직장 생활을 할 수 있을 것 같다고 했다.

외국계 기업에 대한 선입견부터 버리자

외국계 기업에 대한 환상을 갖고 있는 직장인들이 많다. 특히 대기업에서 일하며 높은 업무 강도와 보수적인 분위기에서 힘들어하는 이들은 외국계 회사로 이직하면 꿈의 직장 생활을 할 수 있을 거라 생각한다. 그렇지 않다. 외국계 회사라고 다 좋은 것은 아니다.

외국계 기업의 실체를 좀 더 자세히 들여다보자. 우리나라에 진출한 외국계 기업은 얼마나 될까? 산업통상자원부의 외국인 투자 기업 정보 사이트에 들어가면 1만 7천 500여 개의 외국계 기업 정보가 올라와 있다. 국가도 다양해 미국, 일본, 중국, 독일 등 선진국 뿐 아니라 가나, 리비아, 네팔, 룩셈부르크 같은 낯선 국가의 회사들도 찾아볼 수 있다. 외국계 기업의 채용이 많아지면서 이들의 채용 정보를 전문적으로 다루는 사이트도 있다. 외국계 기업을 주로 포스팅하는 잡포털 사이트를 활용하면 외국계 기업 채용 담당자나 헤드헌터가 올린 채용 정보를 열람할 수 있다. 헤드헌팅회사의 홈페이지에도 다양한 외국계 기업의 채용 프로젝트가 게재되어 있다. 그렇다면 외국계 기업은 정말 꿈의 직장일까? 외국계 기업으로의 이직을 고려한다면 다음과 같은 오해를 하고 있는 것은 아닌지 먼저 점검해 볼 필요가 있다.

외국계 기업은 근무 환경이 좋고 보수가 높다?

외국계 기업이라면 어떤 회사가 떠오르는가? 오라클, 화이자, 유한킴벌리, IBM, 코카콜라? 이런 회사들은 한국에서 오랫동안 비즈니스를 해 왔고 조직도 크며 잘 정비되어 있다. 그래서 근무 환경이 좋다. 하지만 정식 법인이 아니라 연락사무소 형태의 작은 조직을 운영하고 있는 회사도 많다.

필자가 헤드헌터로 일할 때 고객사였던 어느 미국 회사는 한국에 상주하는 인원이 채 10명도 되지 않았다. 사무실도 제대로 없어, 외국에서 손님이 오면 호텔 비즈니스 센터에서 회의를 하는 경우도 있었다. 또한 외국계 회사라고 보수가 다 좋은 것은 아니다. 규모가 작은 회사의 경우 한국식 복지 제도(명절 선물, 학자금 보조, 주택 융자, 자기계발비)가 없어 연봉에 관련 복지 혜택을 모두 포함하기도 한다. 따라서 외국계 회사의 연봉이 높다면 연봉에 무엇이 포함되어 있는

지를 꼼꼼히 따져 볼 필요가 있다.

합리적이고 자유로운 분위기에서 평등하게 일한다?

외국계 기업이라도 어느 국적의 회사인가에 따라 사내 분위기가 다소 다르다. 일본 회사는 외국계지만 국내 회사와 분위기가 별반 다르지 않다. 남성 중심적이고 보수적인 경우가 많다. 미국 회사는 자유롭고 평등한 문화를 가지고 있지만 실적에 대한 압박이 강하고 경쟁적인 분위기다. 목표를 높게 주고 목표 달성을 위해 직원들을 떠미는 경우가 많다. 본사가 유럽에 있는 회사는 가족 지향적이고 장기적인 안목에서 회사 경영이 이루어지는 경우가 많다. 하지만 의사결정이 느리고 다소 보수적일 수 있다.

자신에게 딱 맞는 외국계 기업 찾는 방법

그럼에도 외국계 기업에는 한 가지 공통점이 있다. 한국인 근로자가 많다는 것이다. 따라서 본사가 어느 나라에 있든 다소 한국식으로 변형된 문화가 만들어진다. 외국계 회사에 가면 외국인들과 많이 일할 거라고 생각하는 사람들이 있는데, 한국 법인에서 일하는 외국인 직원은 주로 임원급에 한정되며, 외국계 회사에 가더라도 주로 한국 사람들과 일을 한다고 봐야 한다. 이렇게 보면 외국계 기업에서 일하는 한국인들이 그 회사의 문화를 창조하는 주체다. 이런 이유로 '무늬만 외국계' 또는 '외국 기업의 탈을 쓴 한국계'로 불리는 외국계 기업이 존재한다.

외국계 기업으로의 이직을 고려한다면, 막연한 환상에서 벗어나 자신이 외국계 기업에서 생존할 능력이 있는지를 먼저 냉철하게 점검해 볼 필요가 있다. 외국계 기업은 실적 평가가 철저하다. 국내 회사는 업무 능력 이외의 요소로 인해 좋은 평가를 받을 수도 있지만, 외국계 회사는 목표 달성률을 냉혹하게 평가한다. 철저한 연봉제 시스템이기 때문에 실적 평가를 낮게 받는다면 연봉이 수년간 오르지 않거나 승진에서 누락될 수도 있다.

또한 업무를 수행하기에 충분한 외국어 능력이 있어야 한다. 토익 점수와 상관없이 실제 비즈니스 현장에서 회의를 진행하고 발표도 하고 문서 작성도 할 수 있을 정도가 되어야 한다. 외국계 회사에서 업무 능력이 다소 부족해도 외국어를 잘하는 사람이 인정받는 아이러니가 종종 생기는 이유다.

특히 외국계 회사에서는 일당백의 마음으로 일해야 한다. 효율을 중시하는 외국계 회사는 최소의 인원으로 최대의 효과를 올리라고 주문한다. 따라서 주도적이고 적극적으로 자신의 몫을 해내는 인재를 선호한다. 자신이 할 일만 적당히 하겠다는 마음으로 임했다가는 큰코다친다.

아울러 외국계 회사는 한국 시장에서 비즈니스가 좋지 않으면 사업을 대폭 축소하거나 철수할 가능성도 높다. 본인이 그런 리스크를 감수할 수 있는지에 대해서도 생각해 보자.

마음에 두고 있는 외국계 회사가 있다면 그 회사의 실제 업무 분위기와 운영 시스템이 어떤지 알아봐야 한다. 회사의 전·현직 직원을 만나 보는 것이 제일 좋고 잡플래닛과 같은 기업 정보 사이트를 활용하는 것도 도움이 된다. 회사의 채용 프로젝트를 담당하는 헤드헌터를 직접 만나 보는 것도 좋은 방법이다. 특정 산업군에 속한 외국계 기업들이 만든 협회를 찾아볼 수도 있다. 우리나라에 진출한 다국적 제약사들이 만든 한국다국적의약산업협회(KRPIA)의 홈페이지에 들어가면 한국 시장에서 활동하고 있는 주요 다국적 제약사들과 이들의 활동에 대한 정보를 얻을 수 있다.

국내 회사든 외국계 회사든 꿈의 직장은 결국 자신에게 맞는 회사다. 회사를 알아보기 전에 자신이 회사 생활에서 무엇을 중요하게 여기는지, 일로부터 무엇을 얻고 싶은지, 자신의 전문성과 업무 능력은 어느 정도인지부터 진지하게 생각해 보길 권한다.

연봉이 낮아지는 이직이 고민될 때

수많은 인재들이 현재의 직장을 떠나 이직을 고려할 때 나타나는 변수 중 하나가 바로 연봉이 낮아지는 이직을 해야 할 때다. 실제로 이직 현장에서는 이런 경우가 적지 않다. 이직을 고려한다면 이런 경우의 수에 대한 스스로의 관점을 정립해 둘 필요가 있다. 구체적인 사례를 통해 이런 경우 어떤 판단을 해야 좋을지 스스로 생각해 보자.

이 대리의 고민

얼마 전 이 대리는 헤드헌터로부터 이직 제의를 받았다. 회사도 괜찮고 직무도 마음에 드는데 한 가지 마음에 걸리는 점이 있었다. 이직을 하게 되면 현재보다 연봉이 낮아지는 것이다. 그는 연봉을 높여 가도 시원치 않은데 연봉을 낮추면서까지 이직할 필요는 없을 것 같아 거절했다. 헤드헌터는 연봉 이외에 다른 긍정적인 면들을 보라며 다시 한 번 생각해 보라고 권했다.

이런 경우, 연봉이 낮아지는 이직도 괜찮을까?

대부분의 직장인은 이직을 하면 연봉이 오를 것으로 생각한다. NH투자증권이 발간한 〈2016 대한민국 직장인 보고서〉에 따르면 우리나라 남성과 여성 직장인은 연봉이 각각 1348만 원, 800만 원 오를 경우 이직을 고려해 볼 수 있다고 답했다.

이직 시 이상적인 연봉 인상률은 10~15% 정도라고 하지만 요즘 같은 불경기 시대에는 연봉을 올려 이직을 하는 경우가 많지 않다.

그렇다면 연봉을 낮추어 이직해도 괜찮을까?

필자는 괜찮다고 말한다. 직장 생활에서 중요한 것이 돈만은 아니다. 일을 하는 이유가 오로지 돈이라면 얼마나 삭막한가(단, 현재의 수입이 생활비로 부족할 정도라면, 한 가족의 생계를 온전히 혼자 책임지고 있다면, 돈을 벌어서 미래의 계획을 준비 중이라면 예외가 될 수 있다). 일부 직장인들, 특히 직장 초년생들이 '연봉=능력'이란 공식을 잣대로 취업과 이직을 고려하는 경우가 있지만, 이는 안타까운 일이다. 커리어는 연봉 말고도 중요한 것들이 무궁무진하기 때문이다. 연봉을 낮추어 이직하는 경우라면 연봉을 낮추는 대신 얻을 수 있는 것이 무엇인지를 먼저 보자.

연봉은 낮아져도 더 높아지는 삶의 가치

보상 시스템은 해당 산업의 전반적인 보상 수준이나 기업의 방침, 직무의 특수성 등에 따라 다르다. 기본급을 보장해 주고 인센티브가 거의 없는 회사도 있고, 기본급이 낮은 대신 인센티브를 파격적으로 주는 회사도 있다. 영업이나 마케팅 직무 종사자는 기본급이 낮더라도 성과가 좋으면 인센티브 덕에 연봉 총액이 늘어날 수 있다.

어떤 회사는 연봉은 적어도 기타 혜택이나 복지 제도가 잘 되어 있다. 각종 가맹점에서 현금처럼 쓸 수 있는 복지 포인트를 지급하는 회사도 있고, 전용 식당이나 피트니스 센터 등을 설치해 직원들에게 별도의 서비스를 제공하는 회사도 있다. 그러니 연봉이 회사에서 기대할 수 있는 보상의 전부는 아니라는 점을 잊지 말자.

이직으로 얻을 수 있는 무형의 가치도 생각해 볼 필요가 있다. 연봉은 낮아지지만 직급이 올라갈 수 있다. 팀원으로 일했는데 이직하면서 팀장이 된다면 리더십을 발휘하고 성장할 수 있는 좋은 기회다. 직급이 올라가면 시야가 넓어져 큰 그림을 보는 능력을 동년배보다 먼저 갖추기도 한다.

직무 전환을 경험할 수도 있다. 영업사원으로 일하던 박 대리는 항상 세일즈 트레이너가 되는 꿈을 꾸었다. 내부에서 기회를 얻을 수 없게 되자 그는 교육 전문 회사로 이직을 했다. 연봉은 조금 줄었지만 하고 싶은 일을 할 수 있어 행복했다. 그는 교육 전문 회사에서 경력을 쌓은 후 기업 교육팀으로 이직하면 연봉은 다시 오를 것이라고 생각한다.

여성 직장인들은 아이를 낳은 후 일과 삶의 조화를 위해 연봉이 낮은 곳으로 이직하기도 한다. 김 과장은 재택근무가 가능한 회사로 이직하면서 연봉이 줄었지만 아이들을 돌볼 수 있어 만족한다고 말한다. 연봉을 많이 받으며 나쁜 엄마라는 죄책감에 시달리느니, 연봉을 좀 줄이더라도 좋은 엄마이고 싶은 생각이다.

절대 무시할 수 없는 생애 소득

이제 연봉 개념에서 한발 더 나아가 '생애 소득'에 관해 살펴보자. 생애 소득은 말 그대로 평생 동안 벌어들이는 소득의 총액을 의미한다. 생애 소득의 핵심은 근로 기간이다. 아무리 고액 연봉을 받아도 오래 할 수 없는 일이라면 생애 소득은 줄어든다. 운동선수나 연예인은 어마어마한 돈을 벌지만 조기 은퇴를 할 경우가 많다. 따라서 반짝 인기라면 생애 소득이 오히려 적을 수 있다. 하지만 연봉이 약간 적더라도 오래 할 수 있는 일이라면 소득의 총액은 늘어난다. 공공기관이나 공기업에 근무하는 이들은 정년이 보장되므로, 사기업에서 일하는 사람보다 연봉은 낮아도 생애 소득 측면에서 유리할 수 있다.

연봉이 낮아지더라도 자신이 정말 원하는 것을 얻을 수 있다면 과감히 도전해 보자. 그러기 위해서는 자신이 정말 원하는 것이 무엇인지 알아야 한다. 자신이 일에서 진정으로 얻고 싶은 것이 무엇인지, 장기적으로 경력계발을 어떻게 하고 싶은지 진지하게 생각해 보자. 그래야 결단의 순간 머뭇거리지 않을 수 있다. 결국 모든 결정은 나의 몫이다.

이직을 결심했다면

진희 씨는 작은 IT기업에서 프로젝트 매니저로 일한다. 고객의 요구를 기술적으로 구현하기 위해서 개발자들과 씨름하는 것이 그녀의 주 업무다. 하지만 그녀는 일에서 단 한 톨의 재미나 의미를 찾을 수 없다. 일은 그저 돈을 벌기 위한 지루한 노동에 불과했고, 일을 마치고 집에 오면 지푸라기 인형이 된 듯 무기력했다.

그러던 어느 날, 그녀의 눈을 반짝이게 하는 일생일대의 기회가 찾아왔다. 유심히 보고 있던 커피아카데미에서 SNS 홍보마케팅 담당자를 찾는다는 채용공고를 발견한 것이다. 지난 몇 년간 커피와 관련된 교육을 받고 커피 전문 블로그를 운영하던 그녀에게 그곳은 꿈의 직장이었다. 매사에 조심스러운 그녀는 필자에게 물었다. "지원해 봐도 될까요?" 필자는 1초의 망설임도 없이 답했다. "물론이죠. 안 할 이유가 없지요!"

그렇게 그녀는 이직을 결심했다.

필자는 그녀에게 지원 회사에 대한 모든 정보를 수집하라고 했다. 홈페이지, 블로그, 페이스북에 나온 회사 관련 정보를 꼼꼼히 살펴보고 신문 기사와 대표이사의 인터뷰 내용도 분석하라고 했다. 이렇게 입수한 회사 정보를 바탕으로 그녀의 이력서와 자기소개서를 썼다.

회사는 커피 애호가를 위한 애플리케이션 개발을 계획 중이었는데 진희 씨는 자신의 프로젝트 매니저 경험을 이와 연결해 강조했다. 경쟁사와 비교해 모바일 홈페이지의 메뉴가 부족하고 활용도가 떨어지는 점을 부각해 간단한 홍보 제안서도 썼다. 커피아카데미 수강생을 찾아내 교육 프로그램의 평가도 받아 보고 이들을 활용한 홍보 방법도 고민했다.

면접에서 습관성 떨림증후군으로 고생하는 그녀를 위해 자신감 충전을 위한 특단의 처방도 내렸다. 결전의 순간인 면접에서는 커피 전문가이자 SNS 홍보마케팅 전문가로 보이기 위해 몇 가지 매력 포인트를 준비했다.

그녀는 어떻게 되었을까? 우수한 성적으로 합격했다. 커피아카데미 대표는 함박웃음을 지으며 "많은 지원자들을 만났지만 진희 씨처럼 전략적이고 적극적인 지원자는 처음이었어요. 앞으로 잘 부탁해요"라고 말했다.

대부분의 이직 희망자들은 이력서를 멋지게 쓰면 된다고 생각한다. 하지만 지원 준비의 핵심은 정보 수집과 전략 수립이다. 어떤 일이든 기본이 튼튼해야 좋은 결과를 기대할 수 있다. 이직도 마찬가지다. 시간이 걸리더라도 제대로 준비하는 것이 중요하다. 그러면 어떤 준비를 어떻게 해야 하는지 알아보자.

성공적인 이직을 위한 빅 스텝 5

자신의 기대에 미치지 못하는 직장 생활 때문에 전전긍긍하는 직장인들은 궁금한 것이 많다. 이들의 질문을 요약하면 크게 두 가지로 나뉜다. '이직을 하고 싶은데 어떻게 해야 하나요?' 그리고 '경력 계발을 잘하고 싶은데 어찌해야 할지 모르겠어요'다.

당장 이직을 하고 싶은 사람들은 더 적극적이다. '나의 소원은 이직!'을 외치는 직장인들이 많다. 이직을 계획 중인 직장인이 알아야 할 성공적인 이직을 위한 5가지 빅 스텝을 살펴보자.

빅 스텝 1. 이직의 목적을 분명히 하고 우선순위를 정하자

"왜 이직을 하려고 하세요?"라고 물으면 명확한 답변을 내놓지 못하고 얼버무리는 사람들이 많다. 자신보다 능력이 떨어진다고 여겼던 직장 동료가 앞서 가거나, 얼굴도 기억나지 않는 동창생이 높은 연봉을 받으며 이직했다는 소문을 듣거나, 잘 맞는다고 생각하던 직장 상사와 불편한 관계가 지속된다면 우리는 충동적으로 이직을 생각한다. 하지만 이직은 그렇게 쉽게 생각할 문제가 아니다.

이직은 목적이 분명한 행위다.

목적이란 어떤 가치를 우선시하느냐에 따라 달라진다. 더 높은 연봉, 더 나은 경험, 자질과 능력을 충분히 발휘할 수 있는 기업문화, 자연과 바다가 인접한 곳에서의 직장 생활 등 자신이 추구하는 우선 가치에 따라 가장 먼저 자신의 만족을 이끌어 낼 수 있어야 한다.

이직은 결코 충동적이거나 남들이 하니까 나도 하는 식이 되어서는 의미가 없다.

빅 스텝 2. 타깃 직종과 업종, 지원할 회사를 정하자

미국 출신의 세계적인 직업 탐색 전문가 리저드 볼스(Richard N. Bolles)는 '경력(career)=직업(직종)+분야(업종)'라고 정의한다.

이직의 목적을 분명히 했다면 이를 충족시켜 줄 수 있는 직종과 업종을 선택한다. 신입사원이라면 비교적 자유롭게 직종과 업종을 선택할 수 있지만 경력직은 연차가 높을수록 직종을 바꾸기가 쉽지 않다.

보통 경력이 3년 이상이면 관련 직무의 전문성을 갖춘 것으로 간주하기 때문이다(직종을 바꾸는 가장 효과적인 방법은 현 직장에서 내부 이동을 하는 것이다). 특히 기술직과 연구직은 직종뿐 아니라 업종을 바꾸기도 어렵다. 관련 산업의 기술에 대한 전문 지식이 중요하기 때문이다.

반면 산업에 대한 최소한의 이해만 있어도 해당 업무를 수행할 수 있는 부서가 있다. 예를 들면 인사, 재무, 홍보 등은 업종을 바꾸는 이직이 가능하다.

직종과 업종을 초월한 이직을 원한다면 연봉이나 직급 등을 포기하고라도 이직할 의사가 있는지 마음가짐을 다시 한 번 점검해 보자. 직종과 업종을 선택했다면 지원할 회사를 결정하면 된다.

빅 스텝 3. 지원할 회사의 정보를 수집하고 이력서를 준비하자

이제 지원할 회사에 대한 정보를 수집할 차례다. 언제 어떤 직무를 채용할 예정인지, 회사의 전반적인 비즈니스 현황은 어떤지, 선호하는 인재상은 무엇인지 등을 알아보자.

지인이 있다면 적극적으로 활용하자. 대학 선후배나 전 직장 동료 등은 훌륭한 정보원 역할을 해 줄 수 있다. 회사가 채용 계획이 없거나, 알아보니 자신이 원하는 회사가 아닐 경우에는 선택지를 넓혀 새로운 지원 회사 목록을 만들자(특정 회사를 염두에 둔 것이 아니라면 채용 정보 사이트를 방문해 채용공고를 살펴보는 것도 도움이 된다).

정보가 수집됐으면 이를 기반으로 이력서를 작성한다. 경력직은 회사에서 필요로 하는 직무에 대한 풍부한 경험과 전문성을 효과적으로 어필하는 것이 관건이다. 자신이 성공적으로 수행한 주요 프로젝트와 이로 인해 회사가 얻은 수익을 구체적인 숫자로 언급하는 것이 좋다.

이력서는 지원하는 회사의 니즈에 맞게 맞춤형으로 작성하되, 자신이 회사에 꼭 필요한 인재라는 인상을 명확히 전달해야 한다는 사실을 잊지 말자.

빅 스텝 4. 과감하게 지원하고 실패 요인을 분석하자

이직의 가능성을 가장 확실히 검증할 수 있는 방법은 실제로 지원하는 것이다. 합격이든 탈락이든 결과가 나오면 현실적 판단이 가능하다.

이직을 계획하고 앞의 빅 스텝 3까지 차근차근 준비해 왔지만 이 단계에서 망설이는 직장인들이 많다. 헤드헌터로 일을 하면서 만난 사람들 중에는 '이번엔 무슨 일이 있어도 이직을 할 테니 좋은 자리가 있으면 꼭 연락 달라'는 사람이 여럿 있었다. 하지만 이들 중 실제 지원을 결정하고 채용 전형에 참여한 이는 많지 않았다. 왜 이런 일이 벌어지는 것일까. 막상 이직을 하려고 하면 마음에 걸리는 게 한두 가지가 아니기 때문이다. 만약 당신이 이런 상황이라면 빅 스텝 1로 다시 돌아가 '나는 왜 이직을 하려 하는가?'라는 질문에 진지하게 답해 보자.

과감하게 지원했지만 만약 탈락했다면 실패 요인을 분석해야 한다. 실패 원인 분석을 제대로 하지 않으면 다음에도 실패를 반복할 확률이 크다. 서류에서 탈락했다면 직무 적합성에, 면접에서 탈락했다면 조직 적합성에 문제가 있을 확률이 높다.

빅 스텝 5. 헤드헌터나 커리어 코치를 만나자

만약 빅 스텝 4에서 자꾸 무너진다면 전문가를 찾아가야 할 때다. 헤드헌터는 당신의 경력기술서를 기반으로 어느 업종의 어떤 직종에 지원이 가능한지 현실적인 조언을 해 줄 수 있다. 운이 좋다면 현재 진행 중인 채용 프로젝트의 후보자로 추천할 수도 있다.

객관적인 경력 가치에 대한 조언도 가능하다. 잡마켓에서 어느 정도의 가치가 있는지, 비슷한 경력을 가진 사람에 비해 어떤 면에서 경쟁력이 떨어지는지 등을 묻자.

커리어 코치는 직접적으로 채용 프로젝트를 진행하지는 않지만 지원자의 성향, 재능, 관심사, 가치관을 고려해 이직 전반에 대해 전문적인 조언을 할 수 있다.

*　　*　　*

성공적인 이직이란 무엇일까? 연봉과 직급을 올려 가는 것일까? 모두가 부러워하는 유명한 회사로 이직하는 것일까? 성공적인 이직이란 '목적에 충실한 이직'이다.

이직의 목적이 무엇이든 그것은 개인의 선택이고 가치관이다. 하지만 바라건대 이직의 목적에 '전문성 강화 및 인적 네트워크 형성'이 포함되어 있으면 좋겠다. 조직을 떠나 홀로 설 수 있을 때 제일 큰 힘을 발휘할 것이기 때문이다.

이직은 오랜 시간이 걸리는 일이라는 점이다. 최소 6개월에서 길게는 2~3년이 필요할 수도 있다. 그러니 조급함은 내려놓고 차근차근 준비하자. 포기하지 않고 정성을 다하면 행운의 여신도 당신을 외면하지는 않을 것이다.

이직의 성패를 좌우하는 정보 수집법

이직의 성패에 영향을 미치는 요소는 여러 가지다. 지원자의 경력이나 전문성 같은 개인적 요소도 있지만 채용하는 포지션의 성격이나 채용 시기, 경쟁률 같은 환경적 요소도 있다. 그래서 지원자 개인의 노력도 필요하지만 상황적 요소도 무시할 수 없다. 더구나 최종적으로 누가 채용될 것인가의 문제는 대부분 상대평가로 결정되므로 그 결과를 예측하기란 쉽지 않다.

하지만 방법이 있다. 무슨 일이 있어도 이직에 성공해야 한다면 환경을 내 편으로 만드는 것이다. 그럴 수가 있을까? 신의 아들이거나 오너의 딸이 아니라면 불가능한 일이 아닐까? 아니다. 방법은 있다. 제대로 된 정보를 수집하고 정교한 이직 전략을 세우면 가능하다.

이직을 위해 필요한 정보는 크게 기업 정보와 채용 정보, 면접 정보가 있다. 회사의 문화와 복리후생은 어떠한지, 직원들의 회사에 대한 만족도는 어떠한지, 언제 어떤 포지션을 어떤 전형으로 채용하는지, 면접에서는 어떤 이야기가 오고 가는지를 알면 큰 도움이 된다. 이러한 정보를 얻을 수 있는 채널은 다음과 같다.

기업 정보 – 회사 홈페이지, 뉴스 검색

관심 있는 회사가 있다면 가장 먼저 할 일은 그 회사의 홈페이지를 방문하는 것이다. 홈페이지에는 회사의 연혁과 사업 영역, 비전과 미션, 주요 제품, 최근 사업 현황, 채용 정보 등 다양한 정보가 정리되어 있다.

공기업 전문 면접관으로 활동하다 보면 지원 회사를 철저히 조사하고 면접에 임하는 지원자를 만나게 된다. 최근에 만났던 모 지원자는 내부 면접관들도 알지 못하는 정보까지 줄줄이 꿰고 있었다. 그런 지원자에게 후한 점수를 주는 것은 인지상정이다. 지원하는 회사에 대한 뉴스 검색도 도움이 된다. 대표이사의 언론 인터뷰나 해당 회사가 속해 있는 산업의 최근 트렌드에 관한 기사는 회사의 미래 사업 전략을 가늠할 수 있는 유용한 정보다. 아는 만큼 보인다는 말이 있다. 지원하는 회사에 대해 전문가 수준의 정보로 무장한다면 좋은 결과를 기대할 수 있다.

채용 정보 – 채용 전문 사이트

인크루트, 잡코리아, 사람인과 같은 채용 전문 사이트에는 다양한 기업들의 채용 정보가 올라온다. 이러한 채용 전문 사이트에서는 직종이나 산업별 채용 정보를 검색할 수 있어 편리하다. 또한 자신의 이력서를 올려 두면 헤드헌터나 기업의 채용 담당자가 보고 연락을 해 오기도 한다. 하지만 주의해야 한다. 이미 회사를 그만둔 경우라면 상관없지만 재직 중이라면 이력서 공개는 신중할 필요가 있다. 우리 회사 채용 담당자가 내 이력서를 본다면 어떤 생각을 하겠는가!

요즘은 채용사이트도 전문화되고 있는 추세다. 외국 기업 취업 전문 사이트 피플앤잡은 외국계 기업에 취업을 원하는 경력 지원자에게 유용하다. 글로벌 비즈니스 인맥 사이트인 링크드인에서도 다양한 채용 정보를 접할 수 있으며, 메디컬닥터를 위한 정보 사이트 메디게이트나 약사들을 위한 온라인 매체 데일리팜 등도 업계 종사자들이 많이 찾는 사이트다.

면접 정보 – 온라인 카페

채용 정보를 파악하고 원하는 회사에 지원했다면 이제 면접을 준비할 차례다. 면접에 대한 알짜 정보는 온라인 취업 카페를 이용하면 얻을 수 있다. 필자가 헬스케어 전문 헤드헌터로 일할 때 자주 들어가던 온라인 카페가 있다. '제약회사에 대한 모든 것(제대모)'이라는 카페였는데 다양한 정보가 실시간으로 올라와 유용했다.

채용 시즌에는 채용 중인 회사와 면접을 본 회원들의 면접 후기가 올라온다. 어떤 식으로 면접이 진행되었는지, 어떤 질문이 오갔는지, 분위기는 어떤지 등의 정보를 참고하면 면접 준비에 도움이 된다.

산업별 혹은 직무별 온라인 카페도 다수 운영되고 있다. '국준모'라는 카페는 '국민건강보험공단 채용 시험을 준비하는 사람들의 모임'이다. 글래스도어와 잡플래닛은 기업평가 사이트지만 해당 기업의 면접에 참여한 사람들이 올린 다양한 면접 정보를 제공하기도 한다.

핵심 정보 – 헤드헌터와 전현직 근무자

회사 홈페이지, 채용 전문 사이트, 온라인 카페의 정보는 분명 도움이 된다. 하지만 1%가 부족한 정보일 수 있다. 그런데 이직의 성공 여부는 그 1%의 차이로 결정된다. 위의 방법으로 기본적인 정보를 얻었다면 이제 더 깊이 숨어 있는 알짜 정보를 얻을 차례다. 그것은 사람에게서 나온다.

우선 해당 기업의 채용 프로젝트를 진행하는 헤드헌터를 활용하면 좋다. 헤드헌터는 채용공고에 드러나지 않은 정보를 가장 많이 알고 있는 사람 중 하나다. 역량 있는 헤드헌터는 면접장에서 나올 질문과 합격 답변도 예측할 수 있다. 면접관의 성향과 채용 배경을 꿰고 있다면 그리 어려운 일도 아니다. 헤드헌터는 담당하는 산업에서 활용도가 높은 채용 전문 사이트나 온라인 카페에 대한 정보도 가지고 있다. 이들을 적극 활용하자.

지원하는 회사의 전현직 근무자들도 큰 도움이 된다. 친구, 동창, 선후배 등 다양한 인적 네트워크를 동원하다 보면 이들을 찾아낼 수 있다. 이들에게 회사가 찾는 인재가 어떤 사람인지 물어보고 자신을 그런 인재로 어필하는 것이 중요하다.

현대는 정보전쟁의 시대다. 이직을 원한다면 자신을 취업전쟁에 뛰어드는 전사로 생각해야 한다. 그리고 광범위하고 전략적인 정보를 취합해 정보전쟁에서 승리할 수 있는 무기로 활용해야 한다. 반드시 승리하겠다는 신념을 가지고 전쟁에 임한다면 이길 방법이 보인다. 다양한 채널로 얻은 정보를 기반으로 철저히 준비한다면 이직 성공의 확률을 높일 수 있다. 적극적으로 찾고 구하자. 당신도 할 수 있다.

합격을 부르는 이력서의 비밀

이직을 결심하고 지원 회사를 충분히 연구했다면 이제 이력서를 쓸 때다. 이력서(resume)의 사전적 정의는 '취업을 목적으로 자신의 정보를 회사에 알리는 문서'다. 하지만 이력서의 진정한 목적은 자신의 경력을 자세히 기술하여 회사가 원하는 인재임을 어필하는 '경력기술'에 있다.

자신의 핵심역량과 성과를 구체적으로 명기해 이력서를 검토하는 사람의 마음을 사로잡아야 한다. 이력서에 기본적으로 들어가야 하는 항목부터 하나하나 살펴보면서, 합격을 부르는 이력서의 비밀을 알아보자.

인적 사항

인적 사항에는 이름, 연락처(이메일, 휴대전화, 집 전화번호 등)를 기재한다. 생년월일은 지원자의 연령을 알아보기 위한 정보로 주민등록증에 기재된 것을 기준으로 하는 것이 좋다. 집 주소 또한 회사에서 집까지의 통근 거리를 가늠하려는 의도이므로 동까지만 기재해도 된다. 대신 연락처는 명확히 기재해야 한다. 면접을 위해 연락하면 연락이 안 되는 지원자들이 종종 있다. 휴대전화에 문제가 있을 경우를 대비해 집 전화나 가족의 연락처를 기재하는 것도 도움이 된다.

학력 사항

학력 사항은 가장 최근의 것부터 기재한다. 일반적으로 대학원(박사, 석사)과 대학(학사) 학력을 기술하는데 대학명과 전공, 본교 및 분교 여부, 재학 기간(연도와 월 단위) 등을 정확히 써야 한다. 대학을 편입한 경우에는 전후 학교명을 기재한다. 또한 과학고등학교나 외국어고등학교와 같이 자신을 어필하는 데 도움이 되는 정보라면 고등학교 학력 사항을 기재해도 좋다. 만약 해외에서 어학연수를 하면서 특정 학교에서 어학 프로그램을 수료한 경험이 있다면 학력 사항에 기재하는 것이 좋다.

경력 사항

경력 사항은 이력서의 하이라이트다. 담당한 업무와 이를 통해 자신이 만들어낸 성과를 최대한 구체적으로 기술한다. 학력 사항과 마찬가지로 최근의 경력부터 기술하며, 지원하는 포지션과 관련된 업무라면 다른 경력 사항보다 더 상세하게 적는 것이 좋다. 자신이 근무한 회사의 이름과 소속 부서, 최종 직급을 표기한다. 근무 기간은 연도와 월을 기재하며 만약 부서 이동이나 직책 승진, 해외 근무 등이 있었다면 별도로 표기한다.

담당 업무에 자신의 업무를 단순 기술하는 것은 지양하는 것이 좋다. 지원하는 포지션과 관련된 주요 업무를 기술하고 이를 통해 자신이 만들어 낸 성과를 수치를 활용해 어필해야 한다. 예를 들어 영업사원은 매출액, 매출 달성률, 주요 고객사 및 신규 영입 고객의 수 등을 구체적으로 기재해 영업 전문가의 역량이 우수함을 강조한다.

간혹 짧은 근무 경력을 이력서에서 누락하는 경우가 있다. 자주 이직하는 사람이라는 인상을 줄 것을 우려해, 단기 근무 경력을 인정받지 않겠다는 의도로 관련 사항을 기재하지 않는 것인데, 이런 경우 입사 후에 큰 문제가 될 수 있다. 입사 이후에 인사팀에서 건강보험이나 국민연금 납부 내역을 검토하면 관련 정보를 쉽게 확인할 수 있기 때문이다. 또한 합격 후 평판조회 과정에서 근무경력이 드러날 수도 있다. 그래서 필자는 이력서에 관련 정보를 빠짐없이 기록하라고 권하는 편이다. 만약 짧은 근무경력의 회사가 업계에서 영향력 있는 큰 회사이거나 유명한 회사라면 오히려 플러스 요인이 될 수도 있다는 점도 참고하자.

또 한 가지 팁이 있다. 이력서를 검토하는 사람에 대한 배려를 이력서에 담아 두자. 만약 근무한 회사의 인지도가 높지 않다면 업종과 규모(인원, 매출액 등)를 추가 기재하자. 또한 관련 업계 전문가들만 아는 용어나 약어는 자제하고 되도록 쉽게 이해되도록 쓰는 것이 좋다.

기타 사항

기타 사항에는 영어를 비롯한 외국어 능력, 프로그램 사용 능력, 보유 자격증, 수료 교육 과정에 대한 정보를 정리한다. 가장 최근 정보를 먼저 기술하되, 지원하는 포지션과 연관된 내용 위주로 적는 것이 좋다.

다른 지원자들과 차별화되는 정보, 예를 들면 특별한 취미 활동이나 수상 내역 등을 기술하는 것도 도움이 된다.

일반적인 이력서 작성법에 따라 충실히 작성된 이력서는 셀 수 없이 많다. 따라서 합격을 위해서는 뭔가 차별화된 전략이 요구된다. 자신의 이력서를 돋보이게 할 플러스 알파가 필요하다. 그 두 가지 비밀을 공개한다.

합격을 위한 플러스 알파 1. 핵심역량의 기술

영문 이력서에는 Professional Profile이나 Qualification, Core Competency와 같은 제목으로 지원자의 핵심역량을 기술하는 부분이 있다. 자신이 지원한 포지션과 관련해 어떤 역량과 전문성을 가지고 있는지 어필하는 곳이다. 신제품 출시를 앞두고 마케팅 매니저를 채용하는 회사에 지원한다면 자신이 '신제품 출시 전문 마케터'임을 강조하는 것이 좋다. 물론 이런 내용을 앞의 경력 사항에 기술할 수도 있다. 하지만 별도의 공간을 할애해 구체적으로 강조하는 것이 더 도움이 된다.

핵심역량에는 전체 경력, 전문 분야, 업무상 만든 탁월한 성과, 자신만의 차별화된 경쟁력 등을 기술한다. 자신의 대표 키워드를 4~5개 정도 정해 간략하지만 구체적으로 기술하는 것이 핵심이다. 이력서를 리뷰하는 사람이 외국인이 아니라면 커버 레터를 첨부한 영문 이력서보다 한글 이력서의 영문 버전이 더 효과적일 수 있다. 그러니 영문 이력서라고 겁먹지 말고 자신 있게 쓰자.

다시 한 번 강조하지만 내용이 형식보다 중요하다.

합격을 위한 플러스 알파 2. 자기소개서

자기소개서는 신입사원만 쓰는 것이 아니다. 경력사원도 얼마든지 쓸 수 있다. 다만 경력사원의 자기소개서는 신입사원의 것과는 완전히 달라야 한다. 경력사원의 자기소개서는 영어의 커버 레터와 같은 역할을 한다.

지원하는 회사에 대해 자신이 얼마나 많은 정보를 가지고 있는지, 입사하면 얼마나 빨리 어떤 구체적인 기여를 할 수 있는지, 입사 후 어떤 일을 해 보고 싶은지 등을 기술한다. 중동 시장 진출을 앞두고 있는 건설회사에 지원한다면, 중동시장과 관련한 자신의 사업경력과 함께 자신이 보유한 중동 지역의 인적 네트워크나 정부 정책에 대한 이해 등을 기술하면 큰 도움이 된다.

* * *

필자는 과거에 헤드헌터로 일했고 현재는 전문 면접관으로 활동하면서 셀 수 없이 많은 이력서를 보았다. 제한된 시간 내에 다수의 이력서를 검토해야 하는 면접관의 마음을 헤아린다면 합격을 부르는 이력서를 쓸 수 있다. 간결하면서도 구체적이며, 필요한 정보가 모두 들어가 있지만 다른 지원자들과 차별화된 이력서라면 면접관의 마음을 사로잡을 수 있다.

불합격을 부르는 이력서의 특징

직업상 수많은 이력서를 보게 된다. 최근에는 공기업이나 공공기관에 지원하는 취업 준비생들의 자기소개서 평가를 많이 하고 있다. 대부분의 지원자들은 평균 수준 이상의 이력서를 보내온다. 회사와 직무에 대해 철저히 조사하고, 입사하고 싶은 의지와 소망을 담아 정성껏 보낸다. 그래서 이력서를 평가하기가 여간 어려운 게 아니다. 하지만 간혹 절대 합격점을 줄 수 없는 이력서를 만나기도 한다. 참으로 안타까운 순간이다.

이력서는 쓰는 사람이 아니라 읽는 사람을 위한 것이다. 특히 읽는 사람은 엄청나게 바쁜 상황에서 시간을 쪼개 당신의 이력서를 검토한다는 사실을 잊지 말자. 모 연구소의 직원 채용을 위한 전문 면접관으로 참여했을 때 이야기다. 지원자 200명의 입사지원서를 5시간 30분 안에 검토해야 했다. 산술적으로 말하면 지원자 1인당 약 1.6분의 시간이 주어지는 셈이다. 하지만 입사지원서는 보통 5~6장이 넘는다. 따라서 번개 같은 속도로 훑어보고 점수를 줄 수밖에 없는 상황이다. 이런 상황에서 평가자의 눈길을 찌푸리게 하는 이력서는 다음과 같다.

불합격을 부르는 이력서의 특징을 살펴보자.

디테일을 놓치는 이력서

'악마는 디테일에 있다'라는 말이 있다. 별것 아닌 것 같지만 사소함이 결정적 차이를 만든다.

이력서도 마찬가지다. 이력서에 회사 이름을 틀리게 쓰는 경우가 있다. 다른 회사에 보낸 이력서를 수정하지 않고 그대로 보내는 경우다. GS칼텍스(Caltex)를 GX칼텍스나 GS Kaltex로 적는 사람도 있다. 맞춤법이나 띄어쓰기에 오류가 있는 이력서도 있다. 한두 개 정도는 넘어가지만 여러 개가 보이면 감점이다. 채팅 용어나 이모티콘, 비속어를 사용하는 지원자는 미성숙한 사람이라는 인상을 준다.

마지막으로 회사에 대한 잘못된 정보를 기반으로 이력서를 작성하는 경우다. 롯데그룹 채용 담당자는 다른 그룹의 슬로건을 쓴 지원자, 이미 철수한 사업 부문에서 근무하고 싶다고 쓴 지원자는 무조건 탈락이라고 말한다.

너무 짧거나 긴 이력서

이력서의 분량에 대해서는 논란이 있다. 어떤 직장인은 이력서가 1장 이상 넘어가면 불합격이냐고 묻기도 했다. 사실 정답은 없다. 짧더라도 핵심이 들어 있으면 상관없다. 분량만 길고 내용이 없는 이력서보다는 그게 낫다. 하지만 경력사원의 경우 자신의 전문 분야와 관련 경험을 어필하려면 최소 2~3장 정도는 되어야 하지 않을까 싶다. 분량에 얽매여 자신을 충분히 어필하지 못하는 것은 어리석은 짓이다.

모든 사실과 경험을 단순히 나열하기 보다는 지원하는 회사의 직무와 연관된 몇 개의 키워드를 뽑아내고, 그것에 대해 집중적으로 서술하는 것을 권한다. 키워드는 굵은 글씨로 강조하고 세부 사항을 2~3줄 정도로 정리하면 읽는 사람이 이해하기 쉽다.

너무 뻔해 하품이 나는 이력서

언젠가 수천 명의 자기소개서를 평가한 적이 있다. 며칠에 걸쳐 나누어 검토했는데 그래도 눈이 아프고 머리가 지끈거렸다. 더 참기 힘든 것은 내용이 거의 비슷해 엄청나게 지루한 것이었다. 대학을 갓 졸업한 지원자의 경우 책임감이나 팀워크의 사례로 여지없이 동아리 활동이나 팀플레이 과제를 수행한 것이 등장한다. 대부분 어려운 상황에서 자신이 상대를 잘 설득해 문제를 해결했다는 내용이다.

너무나 뻔한 내용이 반복되면 면접관들은 하품이 절로 난다. 전문가들은 늘 한 목소리로 이력서는 읽는 이의 호기심을 자극하는 것이어야 한다고 말한다.

'나는 훌륭한 인재입니다'가 아니라 구체적인 자신의 경험을 기술하면서 면접관이 '아, 이 사람을 꼭 만나서 함께 이야기를 나누고 싶다'라는 생각을 하도록 만드는 것이 핵심이다.

밤에 쓴 연애편지 같은 이력서

사랑하는 사람을 향해 절절한 마음을 담아 쓴 연애편지. 아침에 일어나 편지를 부치려고 다시 읽어 보니 부끄러워 얼굴을 들 수 없다. 연애편지 같은 이력서를 보내는 지원자들이 있다. 이런 이력서는 구체적인 정보의 기술이 없고 추상적 설명이 전부다. 두루뭉술한 단어와 문장으로 가득 찬 장황한 이력서는 면접관의 주목을 끌지 못한다. 두괄식으로 자신이 하고자 하는 말을 일목요연하게 정리하고 입사 후 하고 싶은 구체적인 일이나 지원하는 회사의 상품에 대한 개선안을 짧게 어필하는 것이 좋다. 이력서는 사랑하는 사람이 아니라 함께 일할 사람에게 보내는 것이다. 함께 일할 사람은 낭만적인 사람이 아니라 능력 있는 사람을 원한다.

* * *

최근 코칭 고객 중 한 명이 원하는 회사에 합격을 했다. 그녀는 스타트업에 지원하면서, 자신이 그 회사의 서비스를 사용하면서 느낀 점을 이력서에 기술했다. 간략하게 어떤 식으로 개선되면 좋겠다는 제안도 넣었다. 면접 자리에서 만난 회사 대표는 '이력서에 정성이 가득하고 우리 회사와 서비스에 대해 잘 알고 있는 것 같아 만나 보고 싶었다'는 말을 했다고 한다.

진심은 통한다. 상대를 설득하는 가장 강력한 힘은 진정성이다. 자신의 이력서에 어떤 마음이 담겨 있는지 점검하자. 그러면 어떤 부분을 보완해야 하는지도 알 수 있다.

헤드헌팅회사 선택법

외국계 회사로 이직을 고려하고 있는 김 대리. 주변에 물어보니 외국계 회사로 이직하고 싶으면 헤드헌팅회사를 통하는 것이 좋다고 한다. 하지만 김 대리는 헤드헌팅회사를 어떻게 알아보고 누구에게 연락을 해야 할지 막막하기만 하다. 이직자 입장에서 헤드헌팅회사를 선택하는 방법은 무엇일까.

헤드헌팅회사를 알자

일단 용어부터 정리하자. 헤드헌팅회사라는 말은 우리나라에서 만들어진 말이다. 고급 인력 중개업이 발달한 미국에서는 이그제큐티브 서치(executive search)라는 말을 사용하고, 이런 일을 하는 회사를 서치펌(search firm)이라고 한다. 서치펌에서 일하는 사람을 헤드헌터라고 부르는데, 채용 의뢰를 한 고객사를 상대하고 전체적인 채용 프로젝트를 총괄하는 컨설턴트와, 고객사에 추천할 후보자와 관련 자료를 찾는 리서처를 모두 포함한다.

우리나라에서 활동하는 헤드헌팅회사는 수천 개에 달할 것으로 추정된다. 많은 회사가 활동하므로 운영 형태도 다양하다. 다양한 산업군의 다양한 포지션을 진행하는 종합 서치펌이 있는가 하면 임원이나 CEO급을 주로 하는 이그제큐티브 서치펌도 있다. 또한 특정 산업 분야(금융, 헬스케어, IT 등)나 특정 포지션(의사, 개발자 등)만 전문적으로 진행하는 서치펌도 있다. 헤드헌팅회사를 검증하기 위해서 워크넷에 등록된 직업소개소인지 확인해 보는 것도 방법이다. 워크넷 홈페이지에 들어가서 상호로 검색하면 등록된 회사인지 알 수 있다.

회사의 핵심 정보를 얻는 법

헤드헌팅회사를 알아보는 가장 기본적인 방법은 회사의 홈페이지를 방문하는 것이다. 홈페이지가 구축되어 있다면 어느 정도 규모와 업력이 있고 안정적으로 운영되는 회사라 봐도 무방하다. 홈페이지에서 회사의 연혁이 어떤지, 대표가 누구인지, 어떤 서비스를 제공하는지 등을 살펴보고 현재 진행되고 있는 채용 프로젝트 현황도 확인해보자.

다양한 프로젝트가 자주 올라오고 있다면 비즈니스가 활발한 회사로 볼 수 있다. 홈페이지에는 헤드헌터의 프로필도 올라와 있다. 헤드헌터의 학력과 경력, 전문 분야가 명기된 프로필을 참고하면 담당자의 전문성을 어느 정도 가늠할 수 있다.

구직자 입장에서 헤드헌팅회사를 평가하는 기준으로는 '전문성'과 '정보 보호 관리 능력'을 고려해 볼 수 있다. 요즘은 많은 헤드헌팅회사들이 산업별 전문팀을 구성하고 있다. 유니코써치는 소비재와 유통(Consumer & Retail), 금융(Banking & Finance), 산업과 엔지니어링(Industrial & Engineering), 바이오와 헬스케어(Bio & Healthcare), 정보통신과 융합(ICT & Convergence)으로 구분된 전문팀을 운영하고 있다. 전문팀에서 일하는 헤드헌터는 해당 산업의 실무 경험을 가지고 있거나 해당 산업에서 오랫동안 인재 채용 업무를 수행해 온 베테랑들이다. 이들은 산업에 대한 지식과 경험, 전문성으로 무장한 전문가들이라 할 수 있다.

헤드헌팅회사는 개인의 많은 정보를 갖고 있어서 정보 보호 및 관리가 중요하다. 따라서 이를 적절하게 관리하는 회사를 선택하는 것이 안전하다. 나도 모르는 사이에 내 이력서가 다른 누군가의 손에 들어가는 일은 생각만 해도 아찔하지 않은가. 앞서 가는 헤드헌팅회사는 후보자 추천 전에 후보자로부터 개인정보제공동의서를 받고 사내에 정보 보호 책임자를 두어 개인정보 관리를 하고 있다.

헤드헌터의 역량을 보자

헤드헌팅회사를 선택할 때 제일 중요한 것은 '헤드헌터의 개인역량'이다. 업력이 오래되고 규모가 있는 헤드헌팅회사에는 역량 있는 헤드헌터가 있을 가능성이 높다. 전문성이 우수한 헤드헌터를 양성하고 리스크를 관리할 수 있는 솔루션이 잘 갖추어져 있기 때문이다. 따라서 이직을 원한다면 유능한 헤드헌터를 만나는 일에 에너지를 쏟아야 한다. 가능하면 헤드헌터를 소개받는 것도 좋다. 소개받은 헤드헌터를 직접 만나 자신의 전문성과 잠재력을 어필하면 관련된 포지션이 오픈되었을 때 기회를 얻을 수 있다.

이직을 준비 중이라면 헤드헌터를 만나 정교한 이직 전략을 함께 수립해 보자. 헤드헌터는 해당 산업의 채용 트렌드를 꿰고 있기 때문에 지원자의 자기 평가에도 큰 도움이 된다. 헤드헌터를 단순한 이직 중개인이 아니라 성공적인 경력개발의 지도를 함께 그리는 커리어 코치로 생각한다면 많은 것을 얻을 수 있다. 물론 직업의식이 투철하고 철학과 실력으로 무장한 헤드헌터를 만났을 때의 이야기다.

독이 되는 SNS, 득이 되는 SNS

헤드헌터로 일할 때 있었던 일이다. 그녀는 그 자리에 꼭 맞는 사람이었다. 시장을 통틀어 그녀만 한 경험과 전문성을 갖춘 이를 찾기 힘들었다. 더구나 목표를 향해 돌진하는 추진력과 지치지 않는 열정은 회사에서 꼭 필요로 하는 역량이었다.

예상대로 그녀는 최종 면접까지 일사천리로 통과했다. 연봉계약서에 사인만 하면 입사가 확정되는 시점이었다. 그런데 바로 그때 인사팀에서 전화가 걸려 왔다.

그 후보자는 진행을 중단해야 할 것 같아요. 알아보니 페이스북에 회사에 대해 안 좋은 이야기를 많이 올려 문제가 된 사람이래요. 저희는 성숙한 사람과 일하고 싶어요. 수고 많으셨는데 죄송합니다.

SNS 때문에 발목 잡힐 수 있다

많은 직장인들이 사람들과 소통하기 위해 페이스북이나 트위터 같은 SNS를 이용한다. 하지만 뜻하지 않게 이런 것들이 이직의 큰 장애물이 되기도 한다.

어느 현직 경찰이 고등학생 시절 온라인에 올렸던 글 때문에 수난을 겪은 일이 있었다. 철부지 시절, 집단 성폭행 사건의 가해자였던 친구를 위해 올린 미니홈피의 글 한 줄이 문제가 된 것이다. 모 여행 프로그램에 출연했던 배우는 생각 없이 SNS에 올린 글이 후

회스럽고 창피하다며 눈물을 흘리기도 했다.

이런 문제는 일부 유명인이나 특정인에게만 국한된 게 아니다. 취업 포털 인크루트의 조사에 따르면, 국내 기업 인사 담당자의 73%는 채용결정에 앞서 지원자의 SNS를 확인한다. 또한 57%는 SNS에 나타난 지원자의 부정적인 인상이 당락에 영향을 미친다고 답했다. 지원자의 SNS에서 중점적으로 보는 것은 평소 언행이나 가치관, 대인관계뿐 아니라 지원 직무에 대한 관심도도 포함되어 있다. 무심코 올린 SNS상의 글로 인해 이직할 때 불편함을 겪을 수도 있다.

디지털 장의사 활용

이런 분위기 속에서 '디지털 장의사'를 활용하는 이들이 늘고 있다. 디지털 장의사란 고객의 의뢰를 받고 인터넷상에 올라 있는 고객의 글과 사진, 동영상 등 각종 게시물을 삭제해 주는 서비스 회사를 말한다. 이들은 삭제 의뢰를 받으면 온라인 게시물을 수집한 후 고객으로부터 위임장을 받아 고객 대신 각 사이트에 삭제를 요청한다. 비용은 보통 수십만 원이지만 삭제할 정보의 양이 많고 중요한 내용이면 수백만 원에 달하기도 한다.

디지털 장의사를 활용하면 문제가 되는 기록을 깨끗이 지울 수 있을까? 사정은 그렇지 않다. 삭제 요청을 접수한 포털 사이트는 우선 30일간 게시물 노출을 중단하는 임시 조치를 취하지만 명예훼손이 아니라고 판단되면 다시 게시물을 노출한다.

2014년 서울의 한 병원이 포털 사이트에 병원 이름을 검색하면 연관 검색어로 '의료사고'가 뜬다며, 관련 기록을 삭제해 달라고 요청했다. 하지만 심의를 맡은 한국인터넷자율정책기구는 해당 검색어는 공공의 이익과 깊은 관련이 있다며, 삭제할 필요가 없다는 결정을 내렸다. 장항배 중앙대 산업보안학과 교수는 "국내에서도 '잊힐 권리'가 법제화되면서 온라인 흔적에 대한 삭제 요청이 더 늘어나긴 하겠지만, 온라인 게시물은 자신의 의도와 무관하게 퍼질 수 있는 만큼, 쓸 때부터 신중하게 생각할 필요가 있다"라고 조언한다.

이직에 도움 되는 SNS 사용법

그렇다면 SNS를 하지 않는 게 상책일까? 사실 SNS는 잘만 활용하면 개인의 경력계발에 도움을 줄 수 있는 유용한 도구다.

코오롱제약 영업사원인 손 과장은 제약 영업 전문 블로그인 '한별이의 제약 영업 나눔터'를 운영하며 유명 인사가 되었다. 제약업계 종사자뿐 아니라 제약업계에 입문하고 싶은 취업 준비생들이 그의 블로그를 이용하는 덕에 하루 방문객만 2천 명이 넘는다. 이런 인기에 힘입어 그는 『제약회사 취업하기 제약영업 성공하기』라는 책까지 펴냈고 회사에서는 영업 전문가로 인정받고 있다.

SNS를 하고 싶은 직장인이라면 직장 생활의 울분을 토로하거나 시시콜콜한 일상을 올리기보다는 자신의 전문성을 알리는 도구로 이를 이용하길 권한다.

적극적으로 활용해 볼 만한 것이 바로 링크드인이다. 링크드인은 전 세계 4억 명 이상의 이용자들이 사용하는 세계 최대의 글로벌 비즈니스 인맥 사이트다. 최근 채용 기능이 점점 강화되고 있는데 기업의 채용 정보도 다수 올라오고 SNS처럼 개인 간의 소통도 가능하다는 장점이 있다. 사진과 프로필, 전문 분야와 추천인 등의 정보를 전략적으로 노출하면 헤드헌터나 채용 담당자의 입사 제안도 받을 수 있다. SNS를 자기 홍보의 도구로 활용하자. 준비가 되어 있다면 이를 통해 이직이나 경력계발의 기회 또한 잡을 수 있다.

면접부터 새 직장 입사까지

마흔이 되기 전 커리어의 전환점을 만들겠다고 한 퇴사가 이렇
게 발목을 잡을 줄이야……

경호 씨는 자신의 선택을 후회했다. 그는 정밀계측장비를 취급하
는 중견기업에서 해외 마케팅 담당자로 일했다. 내 회사다 생각하
고 최선을 다해 일한 덕에 능력을 인정받고 승진도 빨랐지만 더 나
은 미래를 계획하기에 회사는 아쉬움이 많은 조직이었다. 그러다
조직 개편으로 자리가 위태로워지자 그는 결단을 내렸다. 관리자

로서의 역량을 키울 수 있는 회사로 자리를 옮기기로 한 것이다. 퇴사 후 여행도 다녀오고 얼마간 재충전의 시간을 가졌다. 그때까지만 해도 자신의 선택에 후회는 없었다. 하지만 구직 기간이 6개월이 넘어서자 조급해지기 시작했다.

그는 오랜 구직 활동으로 지쳐 보였다. 연이은 서류 탈락으로 자신감이 무너져 내렸고 어디로 가야할 지 혼란스럽다고 했다. 이야기를 나누다 보니 탈락 이유는 분명했다. 이력서에 기술한 자신의 전문성과 지원한 포지션이 원하는 전문성 사이에 상당한 거리가 있었던 것이다. 그는 중견기업에서 해외 시장 개척을 위한 마케팅 활동을 담당했는데, 지원한 포지션은 마케팅 커뮤니케이션 담당이나, 외국계 기업의 국내 시장 마케팅 담당이었다. 또한 관리자 경험이 전무함에도 불구하고 매니저 포지션에 지원하니 합격 가능성이 낮을 수밖에 없었다.

필자는 그와 함께 정교한 지원 전략을 수립하고 지원할 회사와 포지션을 신중하게 선택했다. 그러자 면접을 보러 오라는 소식이 하나씩 왔다. 그는 필자를 만난 지 약 5개월 후 한 외국계 기술기업의 마케팅 매니저로 입사했다.

면접 과정은 지난했다. 1차 면접은 인사 담당자의 전화 면접으로 시작되었다. 이후 직속 상사와의 1:1 심층 대면 면접을 거쳐 실무자들을 대상으로 한 프레젠테이션 면접을 진행했다. 마지막으로는 싱가포르에 거주하는 아시아퍼시픽 담당 임원과 전화 면접을 했다. 그는 그 많은 다리를 무사히 건넜고 마지막 관문이라는 평판조회까지 무난히 통과했다. 연봉 협상에서 몇 차례 위기가 오기는 했지만 필자의 도움과 헤드헌터의 중재로 만족할 만한 연봉을 받으며 입사에 성공했다.

최근에는 지원자의 역량을 보다 정확하게 검증하기 위해 면접 방법이 다양해지고 있다. 이 장에서는 대면 면접, 전화 면접, 프레젠테이션 면접, 그리고 영어 면접에 대한 생생한 팁을 정리했다. 또한 최근 중요성이 커지고 있는 평판조회와, 원하는 연봉을 받아 내기 위한 효과적인 협상법도 정리했다. 마지막으로 새로운 직장에 소프트랜딩하기 위해서는 어떤 노력이 필요한지도 언급했다. 자, 이제 다 왔다. 기나긴 이직의 여정에 마침표를 함께 찍을 때다.

백전백승 면접의 기술

헤드헌터로 일하며 깨달은 한 가지 사실은 '적합한 지원자를 찾아내는 것도 중요하지만 찾아낸 사람을 적합한 지원자로 만드는 것'의 중요성이었다. 서류는 일사천리로 통과되지만 면접에서 번번이 떨어지는 지원자를 보면서 필자는 면접 준비의 중요성을 다시금 절감하게 되었다. 또한 전문 면접관으로 일하며 깨달은 또 하나의 사실은 취향이나 선호도에 따라 다를 것 같지만 사람 보는 눈은 비슷하다는 것이다.

여러 명의 면접관이 있으면 각자의 취향이나 선호도에 따라 결과가 다를 것 같지만 실은 그렇지 않다. 의외로 동일한 지원자를 합격자로 지목하는 경우가 많다. 그렇다면 면접에서 좋은 점수를 받는 지원자들은 어떤 공통점이 있을까? 여러 가지 요소가 있겠지만 무엇보다도 '회사와 직무에 대해 잘 알고 관련 경험이 풍부하며 열정적'이라는 점이다. 우리도 면접에서 그런 지원자가 되기 위해 다음의 단계들을 차근차근 밟아 보자.

1단계. 예상 질문과 답변 구상하기

앞서 이직의 성패를 좌우하는 정보 수집법을 알아보았다. 면접을 준비할 때는 이때 얻은 정보를 총망라해 예상 질문과 답변을 구상해야 한다. 필자는 보통 예상 질문을 20개 정도 뽑아보라고 권한다. 이렇게 하면 면접에서 나올 질문은 대부분 다루게 된다. 그렇다면 면접에서는 주로 어떤 질문이 나올까? 세계적인 취업 컨설턴트 리처드 볼스는 면접 때 나오는 질문은 크게 5가지라고 말한다.

1. 우리 회사에 왜 지원했나?
2. 회사를 위해 어떤 기여를 할 수 있나?

3. 다른 지원자와 비교해 어떤 장점을 가지고 있나?

4. 당신은 어떤 사람인가?

5. 입사하면 어느 정도 대우를 원하나?

이 외에 아래와 같은 질문도 있을 수 있다.

1. 좋은 직장에 다니고 있는데 왜 이직을 하려 하는가?

2. 지금까지 이룬 업무 성과는 무엇인가?

3. 업무를 하면서 어려움이나 위기를 어떻게 극복했는가?

각각의 질문에 대해 답변을 구상하고 전체적인 답변에 일관성이 있는지, 면접관 입장에서 수긍할 수 있는 수준인지 등을 면밀히 살펴보면 꼼꼼한 면접 준비가 가능하다.

2단계. 면접 리허설하기

예상 질문과 답변 준비가 완료되었다면 리허설을 해 보자. 면접 복장을 똑같이 갖추고 가상의 면접관 앞에서 질문과 답변을 실제로 나누어 보는 것이다. 면접장의 문을 열고 들어가는 것부터 질문에 답변하기, 마치고 나가는 것까지 동영상 녹화를 해 보고 리뷰하면서 개선점을 찾아보자.

리허설을 할 때는 준비한 답변을 그대로 외워서 답하기보다는 질문의 의도와 요지를 이해하고 자연스럽게 답하는 연습을 해 보자. 그러면 앞에서 구상한 답변보다 더 좋은 답변이 떠오를 수도 있다. 가상의 면접관을 제대로 선택하는 것도 중요하다. 자기보다 직장 경험이 많고 지원한 분야의 전문가라면 금상첨화다. 리허설을 통해 얻은 인사이트와 피드백을 모아 면접의 완성도를 높일 수 있다.

3단계. STAR로 답변하기

요즘은 지원자가 해당 포지션과 관련된 경험과 역량을 가지고 있는가를 면접장에서 직접 검증한다. 화제가 되고 있는 블라인드 면접도 지원자의 과거 스펙보다는 지원하는 직무와 관련된 역량에 방점을 찍는 것이 주 목적이다.

역량 검증을 위해 가장 많이 사용되는 방법은 행동사례면접(Behavior Event Interview)이다. 행동사례면접은 지원자가 과거에 한 행동을 알면 미래의 행동도 예측할 수 있다는 행동주의 심리학에 근거한다.

따라서 지원자가 과거의 특정한 상황에서 어떤 행동을 했고 그 결과는 어땠는지를 알기 위해 심층 질문을 하는 것이 핵심이다. 지원자는 자신의 과거 경험을 면접관이 이해하기 쉽게 구체적인 사례를 들어 설명하는 것이 좋다. 이때 STAR 기법을 활용하면 도움이 된다. STAR는 Situation, Task, Action, Result의 약자로, 자신이 어떤 상황에서 어떤 과제를 부여받았고 어떻게 행동하여 어떤 결과를 얻었는지 설명한다.

면접관은 보인다. 어떤 지원자가 진심으로 면접에 임하는지, 누가 자신이 하지도 않은 일을 부풀려 말하는지, 지원자가 얼마나 열심히 면접 준비를 했는지. 화려한 언변으로 무장하고 말을 많이 한다고 해서 결코 좋은 것은 아니다. 회사는 '말 잘하는 사람'이 아니라 '일 잘하는 사람'을 원한다.

면접을 앞두고 절대 빼놓지 말고 준비해야 할 것은 진정성과 열정이다. 자신이 진정으로 그 자리를 원하고 있는지 돌아보고 회사가 어떤 사람을 원할지, 면접관 입장에서 무엇을 알고 싶을지 생각해 본다면 면접 준비가 그리 어렵지는 않을 것이다.

화상 면접은 어떻게 준비할까

국내 기업이 직원을 채용할 때 주로 사용하는 면접법은 대면 면접이다. 직접 만나서 얼굴을 보면서 이야기를 나누는 방식이다. 하지만 외국계 기업은 전화 면접이나 화상 면접을 활용하기도 한다. 지원자와 면접관이 다른 나라에 거주할 경우, 불필요한 비용을 절약해 효율을 높일 수 있기 때문이다.

최근에는 시스코의 웹엑스(Webex), 구글의 행아웃(Hangouts), 줌 클라우드 미팅(Zoom Cloud Meetings), 아이폰의 페이스타임(Face Time), 스카이프(Skype) 등을 통한 화상 면접이 일반화되는 추세다. 모 기업의 경우 앱을 통해 지원자에게 질문하면 이에 대한 답변이 화상으로 녹화되어 면접관에게 전달되는 면접 시스템을 활용하고 있다.

화상 면접을 할 경우 다음 네 가지를 점검해 보자.

1단계. 장비와 환경

화상 면접에서 가장 빈번하게 발생하는 사고(?)는 통신이 중간에 끊기거나, 통화 품질이 좋지 않아 통화 내용을 이해하기 힘든 경우다. 화면으로 상대의 얼굴을 볼 수는 있지만, 아무래도 대면 면접보다는 쉽지 않다. 시각과 청각을 총동원해 면접관의 질문 의도를 파악해야 한다. 특히 외국인과 화상 면접을 하는 것은 더 어렵다. 영어 듣기평가나 토익 듣기시험을 보는 태도로 임해야 좋은 결과를 얻을 수 있다.

따라서 면접을 위한 기술적인 부분에 문제가 없는지 반드시 사전에 확인해야 한다. 간혹 헤드헌팅회사나 지원하는 회사의 국내 사무실에서 화상 면접을 진행하는 경우가 있다. 지원자의 회사나 집에서 진행할 경우 장비가 미흡하거나 통화 내용이 타인에게 노출되는 등 보안상의 문제가 발생할 수 있기 때문에, 자신이 일하는 회사의 사무실이 아닌 제3의 장소를 활용하는 것도 좋다.

2단계. 충분한 시간 확보

화상 면접도 대면 면접과 크게 다르지 않다. 면접 방식만 다를 뿐이다. 따라서 대면 면접과 거의 비슷한 시간이 소요된다고 봐야 한다. 직접 얼굴 보고 하는 면접이 아니니 금방 끝날 것이라는 생각은 착각이다. 대부분의 화상 면접은 1시간이 훌쩍 넘어간다. 면접 시간이 길다는 것은 절대 나쁜 신호가 아니다. 누구도 관심이 없는 사람과 오랫동안 대화하지는 않는다.

또한 여러 명의 고위 임원이 면접을 해야 할 경우에는 여러 명의 면접관과 순차적으로 진행하는 경우도 있다. 따라서 충분한 시간을 확보해야 한다. 시간에 쫓기면 마음이 급해 자신의 역량을 충분히 어필하기 어렵다.

3단계. 면접관 정보 수집

대면 면접뿐 아니라 화상 면접에서도 면접관에 대한 정보 수집은 필수다. 예의를 갖추어 헤드헌터나 채용 담당자에게 면접관의 이름과 직책을 물어보자. 그 정도 정보는 충분히 알려 준다. 면접관의 이름과 직책을 알았다면 그에 대한 정보를 찾아보자.

CEO와 같이 직급이 높은 사람이라면 기사 검색을 통해 관련 정보를 얻을 수 있고, 링크드인에 프로필을 올려놓은 경우에는 상세한 경력과 전문 분야를 알 수 있다. 그의 커리어를 하나하나 짚어 가며 어떤 질문을 할 것인지 예상해 보자. 또한 면접 중에 자신이 찾은 정보를 우회적으로 면접관에게 알려 주는 것도 좋다. 열심히 면접을 준비한 성의 있는 지원자로 인식시킬 좋은 기회가 될 수 있다.

4단계. 면접 답변 준비하기

화상 면접은 외국인 면접관과 진행하는 경우가 대부분이다. 외국인 면접관은 지원자의 사생활 정보에는 큰 관심이 없다. 초반에 분위기를 부드럽게 하기 위해 몇 가지 질문을 할 수는 있지만 대부분의 시간을 직무와 관련된 실질적인 질문에 사용한다.

다음과 같은 질문에 대한 답변을 준비해 보는 것은 어떨까. '우리 회사 또는 이 일에 지원한 이유는 무엇인가?' '당신을 채용해야 하는 이유는 무엇인가?' '우리 제품이나 관련 시장을 어떻게 평가하는가?' '우리 제품을 업계 1위로 만들기 위한 당신의 전략은 무엇인가?' '입사하게 되면 어떤 전략으로 어떻게 일할 것인가?' 이에 대한 구체적인 그림을 그리고 면접에 임하자.

또한 외국인 면접관은 이력서에 적힌 사항을 하나하나 짚어 가며 질문하는 경향이 있다. 따라서 이력서 내용을 다시 꼼꼼하게 리뷰하고 각 항목에 대한 과거 기억을 글로 정리해 보는 것이 좋다. 만약 영어 면접이 익숙하지 않다면 각 답변을 영어 문장으로 작성해 입에 익도록 수차례 읽어 보는 것도 도움이 된다.

대부분의 지원자들은 화상 면접이 대면 면접보다 더 어렵다고 말한다. 하지만 외국계 회사에서 일하고 싶다면 이런 환경에 익숙해져야 한다. 외국계 회사에서는 수시로 콘퍼런스콜이 열리고 화상회의를 한다. 경기침체가 장기화되면서 해외 출장이 줄어들고 이런 도구를 활용한 회의가 더욱 활성화되고 있다. 입사하면 피해 갈 수 없는 일을 미리 해 본다고 생각하고 적극적으로 준비하자.

노력은 결코 당신을 배신하지 않는다.

프레젠테이션 면접 노하우

다양한 면접 방법 중 더욱 확산되고 있는 면접법이 있다. 바로 프레젠테이션 면접이다. 프레젠테이션 면접은 특정 주제에 대해 지원자가 발표를 하는 식으로 진행된다. 지원자의 발표 후에는 면접관과 지원자 간의 질의응답이 이어진다. 프레젠테이션 면접의 목적은 지원자의 경험과 지식, 논리적 사고력, 문제해결 능력, 의사소통 능력 등을 알아보는 데 있다. 주로 회사에서 발생할 수 있는 비즈니스 상황이 주어지고 이를 어떻게 분석하고 해결할 것인지 묻는 형식이 많다. 성공적인 프레젠테이션 면접 노하우는 무엇일까.

진정성으로 승부하자

외국계 제약회사들은 프로덕트 매니저(마케터)를 채용할 때 자주 프레젠테이션 면접을 실시한다. 주로 직속상관의 1차 대면 면접을 마친 후 진행되는데 마케팅 임원이나 영업 혹은 인사팀 같은 유관 부서 임원이 면접관으로 참여한다.

지원자의 영어 실력을 검증하기 위해 영어로 진행되기도 하며, 지원자는 자신이 담당했던 제품의 마케팅 제안서를 발표한다(간혹 현장에서 시장 상황과 제품의 특장점에 관한 자료를 주고 즉석에서 제안서를 요청하기도 한다).

마케팅 제안서에는 시장 분석과 마케팅 전략, 프로그램이 녹아 있기 때문에 지원자의 마케터 역량을 확인할 수 있다. 간혹 같은 업계에서 이직을 하는 경우, 발표 자료에 회사의 기밀 사항이 들어 있어 지원자가 심적 부담을 갖는 경우가 있다. 그럴 때는 면접관에게 양해를 구하고 관련 내용은 삭제해도 괜찮다. 그런 요청을 한 지원자를 오히려 진정성 있는 인재로 볼 수 있으니 너무 혼자서 고민하지는 말자.

역할극에 대비하자

필자가 전문 면접관으로 참여했던 모 외국계 기업의 채용 프로젝트에서도 프레젠테이션 면접이 진행되었다. 지원자는 20분간 영문 자료를 리뷰하고 면접장에서 10분간 영어 발표 후 10분간 면접관의 질문에 답했다. 영문 자료는 모 백화점의 시장 현황에 대한 것이었다. 조만간 근처에 경쟁사의 백화점이 개점하게 되는데, 자사의 마케팅 담당자로서 이에 대한 대비책을 세워 보라는 주문이었다. 제시된 영문 자료는 사실 20분 동안 이해하기에는 많은 분량이었다. 다소 무리가 될 수 있지만 지원자가 짧은 시간에 영문 자료의 핵심을 파악할 수 있는지를 알기 위해 준비된 것이었다. 발표를 듣고 있으니 지원자가 어떤 방식으로 문제를 이해하고 해결하려고 하는지 한눈에 보였다. 정답은 없지만 면접관을 자신의 관점으로 끌어들여 설득할 수 있는 지원자가 좋은 점수를 받는 구조다.

모 공기업의 경력사원 채용에서는 직무별로 다양한 프레젠테이션 주제가 주어졌다. 회사가 홍보관을 새롭게 건립하는데 이에 대한 창의적인 아이디어를 제안해 보라던가, 기존 프로그램과 차별화된 회사의 사회공헌 활동을 구상해 보라든가, 창립 20주년 기념행사를 비용과 효과성을 고려해 되도록 많은 직원들이 참여할 수 있도록 기획해 보라는 식의 주제였다. 신기하게도 직무별 또는 전공별로 각기 다른 지원자들 사이에서 차별성이 있으면서도 유사한 아이디어들이 나왔다. 공대나 자연계열 지원자들은 빅데이터나 사물 인터넷 같은 신기술을 활용한 제안을 많이 했고, 인문계나 상경계열 지원자들은 SNS 활용이나 애플리케이션 개발을 통한 제안을 많이 했다. 이 역시 정답은 없으나 새로우면서도 실현가능성이 있는 아이디어가 후한 점수를 받았다.

디테일과 설득력의 힘

성공적인 프레젠테이션 면접을 위해서는 다음과 같은 사항들을 짚어 볼 필요가 있다.

첫째, 회사와 제품 및 서비스에 관한 심층 조사가 필요하다. 프레젠테이션 주제는 회사가 현재 처한 이슈와 연결되는 경우가 많다. 따라서 회사에 대한 기사 검색이나 자료 조사 등을 통해 미리 힌트를 얻을 수 있다.

둘째, 다양한 경험을 가진 지원자가 유리하다. 프레젠테이션 면접을 하다 보면 지원자의 과거 이력이 드러나기 마련이다. 유관 기업에서 인턴이나 아르바이트 경험이 있는 지원자는 현장 감각이 있기 때문에 현실적인 제안이 가능하다.

셋째, 전달 능력을 키울 필요가 있다. 통화보다는 문자, 책이나 신문보다는 인터넷 서핑, 함께보다는 혼자가 익숙한 지원자는 사람들 앞에서 자신의 생각을 논리적으로 발표하는 데 서투르다. 부적합한 단어를 사용하거나 과도하게 긴장해 자신의 실력을 충분히 발휘하지 못하는 경우도 있다. 이런 점은 평소의 생활에서 상대가 쉽게 이해할 수 있도록 자신의 의견을 전달하고 설득하는 연습을 통해 극복 가능하다.

프레젠테이션 면접은 다른 면접보다 부담이 크고 긴장되는 일이다. 하지만 달리 생각하면 다른 지원자와 차별화된 자신의 역량을 마음껏 발산할 수 있는 좋은 기회다. 주어진 시간을 충실히 활용하고 자신감을 가지고 임한다면 좋은 결과를 기대할 수 있을 것이다. '나는 프레젠테이션의 신이다!'라고 주문을 걸자. 듣는 이들의 눈과 마음을 사로잡아 합격의 기쁨을 누릴 수 있기를 바란다.

영어 면접을 앞두고 있다면

외국계 회사로 이직할 때 피할 수 없는 한 가지가 있다. 바로 영어 면접이다. 외국계 회사이니 영어로 면접을 보는 것은 당연하다고 생각하지만 실제로 지원자들은 큰 부담을 갖는다. 지원자 대부분이 읽고 쓰는 것은 어느 정도 가능하지만 외국인과 만나서 영어로 대화하는 것에는 자신이 없다고 말한다. 하지만 영어 면접을 통과하지 않고서는 외국계 회사에 입사할 수 없다. 외국계 회사의 임원이나 매니저급은 외국인인 경우가 많고 외국에 있는 파트너와 활발히 의사소통하는 구조이기 때문이다. 영어 면접을 앞두고 어떤 준비를 하면 좋을지 알아보자.

1단계. 스킬보다 콘텐츠에 신경 쓰자

많은 사람이 착각하는 것이 있다. 영어 면접을 잘하려면 영어가 유창해야 한다는 것이다. 그러나 영어 면접은 유창한 영어실력을 테스트하기 위한 것이 아니다. 물론 영어를 잘하면 유리할 수 있다. 하지만 대부분의 일에서 영어는 목적이 아니라 수단이다. 영어 면접에서 검증하려고 하는 것은 지원자의 영어 실력보다는 지원자의 직무 적합성이다. 영어 실력은 일을 하는데 장애가 되지 않을 정도면 충분하다. 스킬보다는 콘텐츠에 더 신경을 쓰길 권한다. 영어 면접을 앞두고 있다면 예상 질문 목록과 답변을 준비하고 이를 충분히 숙지하는 것이 좋다. 회사와 직무에 대해 충분히 조사하고 자신의 경력과 전문성을 반영한 답변 노트를 영어로 정리한 후 여러 번 읽으면서 내용을 충분히 숙지하자.

2단계. 확신과 자신감으로 무장하자

면접관이 북미나 유럽 출신이라면 특히 신경 써야 할 것이 있다. 업무에 대한 확신과 자신감으로 무장하고 면접에서 이를 충분히 어필하는 것이다. 이들은 아이 콘택트를 중시한다. 아이 콘택트를 하지 못하면 신뢰할 수 없는 사람이라고 생각하는 경향이 있기 때문이다. 또한 적극적으로 자신을 드러내지 못하면 자존감이 떨어지는 사람으로 여긴다.

그렇다면 확신과 자신감은 어디서 올까? 충분한 준비에서 온다. 직무기술서를 완전히 숙지하고 이력서의 세부 사항을 하나하나 다시 짚어 보자. 그리고 자신이 이 직무에 적임자라는 사실을 자신 있게 면접관에게 어필하자. 당신의 열정과 에너지가 면접관에게 고스란히 전해질 것이다.

3단계. 실질적이고 구체적인 이야기를 하자

영어 면접에서 꼭 빠지지 않는 질문이 하나 있다. 바로 "Why should we hire you?"이다. 외국인 면접관은 이 질문을 던져 놓고 초롱초롱한 눈으로 지원자의 답을 기다린다.

이때는 실질적이고 구체적인 예를 들어 답변하는 것이 좋다. "나는 매사에 열정적인 사람입니다"와 같은 두루뭉술한 이야기보다는 과거에 자신이 만들어 낸 구체적인 성과를 예로 설명해야 한다. 전 직장에서 만들어 낸 매출(숫자), 성공 사례, 영향력 있는 고객사, 어려움을 이겨 낸 스토리 등을 실감 나게 이야기하자. 가능하다면 입사 후 자신의 계획을 공유해도 좋다. 지원하는 회사의 현안을 언급하고 이를 어떤 전략과 방법으로 풀어 갈지 소신 있게 이야기한다면 긍정적인 반응을 이끌어 낼 수 있다.

4단계. 통찰력 있는 질문을 하자

외국인 면접관들이 면접이 끝날 때쯤 반드시 하는 질문이 있다. "Do you have any questions?" 외국인 면접관들은 면접을 서로의 궁금증을 해소하는 기회로 생각한다. 그래서 지원자가 어떤 질문을 가지고 있는지 묻고 이에 답변할 준비가 되어 있다. 이런 황금 같은 기회를 연봉이나 휴가 제도와 같은 질문으로 날리지 말자.

통찰력 있는 질문을 함으로써 자신이 큰 그림을 볼 줄 아는 인재라는 인상을 주는 것이 좋다. 외국계 회사라면 본사가 가지고 있는 한국 시장에서의 전략이나 계획 등을 물어보는 것은 어떨까? 조금 더 용기를 낸다면 면접관이 자신에 대해 갖고 있는 우려는 무엇인지를 물어볼 수도 있다. 답변을 듣고 자신이 이를 보완하기 위해 어떤 생각을 갖고 있는지를 추가로 어필할 수 있다면, 더 좋은 결과를 기대할 수 있다.

평판조회에 대한 오해와 진실

면접에 합격하면 이제 또 하나의 관문이 기다린다. 바로 '평판조회(reference check)'다. 평판조회는 좁은 의미로는 지원자의 학력 및 경력을 조회·검증하는 것을 말한다. 하지만 요즘은 넓은 의미로 지원자의 자질이나 인품, 업무 능력과 리더십까지 점검하는 것을 포함한다. 평판조회가 인재 검증의 중요한 관문으로 자리 잡고 있는 추세임에도 불구하고 이에 대해 잘못 생각하고 있는 이들이 적지 않다. 평판조회에 대한 4가지 오해와 진실을 알아보자.

소수의 회사만 평판조회를 한다?!

취업 포털 잡코리아는 국내 기업 인사 담당자 527명을 대상으로 '경력직 채용 시 평판조회 실시 여부'를 설문조사한 바 있다. 결과를 분석해 보니 응답자의 55.6%가 평판조회를 실시한다고 답했다. 평판조회 방법으로는 전 직장 직속상사와의 전화 통화가 45.4%로 가장 많았고 이어 전 직장 인사 담당자와의 전화 통화가 43.4%, 전 직장 동료와의 전화 통화가 36.2%로 그 뒤를 이었다. 또한 지원자의 SNS를 확인해 본다는 기업도 20.1%나 되었다. 평판조회를 통해 확인하는 부분은 지원자의 업무 능력(51.9%), 인성이나 신뢰성(42.0%), 경력이나 성과(36.9%), 상사나 동료와의 대인관계(36.5%)순이었다. 지금은 더 많은 회사들이 평판조회를 인재 검증의 방법으로 적극 활용하고 있다. 이미 외국계 회사는 모든 직급의 채용에서 평판조회가 필수이며 국내 기업도 팀장급 이상에서는 일반화되고 있다.

평판조회는 지원자 몰래한다?!

평판조회를 하려면 개인정보보호법에 따라 지원자의 동의를 받아야 한다. 외국계 기업은 면접을 볼 때 미리 평판조회 진행에 대한 동의를 구하는 경우가 많다. 동의를 구할 때는 두 가지 방법이 있다. 조회처를 지원자에게 직접 요청하거나 회사가 임의로 선정하는 것이다. 지원한 회사에서 조회처를 요청하면 자신의 업무 스타일이나 성과에 대해서 세부적인 이야기를 해 줄 수 있는 전 직장 동료나 상사의 이름과 연락처를 알려 주면 된다. 그리고 조회처에 연락해서 상황을 설명하고 평판조회를 위해 시간을 잠시 내어 달라고 부탁하는 것이 좋다. 지원하는 회사 측에서 임의로 조회처를 선정하는 경우는 일반적으로 인사 담당자의 인맥이나 헤드헌팅회사의 DB를 활용하여 조회처를 선정하는 방식을 취한다(단, 지원자의 비밀 보호를 위해 현 직장의 직원에게는 평판조회를 하지 않는 것이 원칙이다).

친한 사람에게 부탁하면 좋게 이야기해 준다?!

많은 사람들이 '평판조회 결과를 믿을 수 있을까? 대부분 좋게 이야기해 주지 않나?'라고 생각한다. 하지만 실제 평판조회를 해 보면 사람들의 솔직한 반응에 의외로 놀라곤 한다. 특정인에 대한 평판은 조회처가 달라도 대부분 비슷하다. 개인의 취향이나 성향에 따라 평가가 다를 것 같지만 대개 일관된 메시지가 있다. 또한 친한 사람에게 평판조회를 하면 좋지 않은 면도 포장해서 잘 말해 주리라 생각하지만 실상은 그렇지 않다. 완곡한 표현을 쓸지언정 정확히 이야기한다.

예를 들면 '미래에 기회가 주어진다면 이 사람과 다시 일하겠습니까?'라고 물으면 '그렇다'라고 말하는 사람이 의외로 많지 않다. '그 사람과는 일을 해 봤으니 이제 다른 사람과 일하고 싶다'라고 답한다면 부정적인 대답이다. 이런 질문도 한다. '그/그녀의 성장을 위해 계발이 필요한 부분이 있다면 조언해 주시겠어요?' 이 질문의 답변을 분석하면 지원자의 단점이나 약점을 알아낼 수 있는데, 특히 이 질문에 대해 사람들은 의외로 솔직한 의견을 건네는 경우가 많다.

평판조회 결과는 참고용일 뿐이다?!

취업 포털 잡코리아가 인사 담당자 418명을 대상으로 한 설문조사 결과에 따르면 '평판조회 결과로 탈락한 지원자'가 있다는 응답이 무려 71.6%였다. 이제 평판조회 결과는 당락에 결정적인 영향을 미친다고 해도 과언이 아니다.

필자가 헤드헌터로 일할 때, 완벽한 스펙으로 면접에서 만점에 가까운 점수를 받았던 지원자가 있었다. 하지만 그녀의 평판조회 결과는 충격적이었다. '목적 달성을 위해서라면 수단과 방법을 가리지 않는 사람, 당장의 이익을 위해서라면 관계를 망치는 모험도 불사하는 사람, 어떤 상황에서도 이기기 위해 편법도 마다하지 않는 사람'이란 결과가 나왔기 때문이다. 결국 회사는 그 지원자를 포기했다. 아무리 능력이 출중해도 입사 후 큰 문제를 일으킬 수 있다고 판단했기 때문이다.

평판은 단시간에 만들어지지 않는다. 오랜 시간 쌓이고 쌓여 그 사람의 평판이 만들어진다. 하지만 평판은 고정된 것이 아니다. 얼마든지 변한다. 모 임원의 평판조회를 해 보니 시간이 가면서 숙성되는 와인처럼 점점 좋아졌다. 그러니 포기하지 말고 한 송이 꽃을 피우듯 자신의 평판을 아름답게 가꾸어 보자. 성과뿐 아니라 함께 일하는 사람들의 마음을 챙긴다면 언제나 함께 일하고 싶은 사람이라는 평가를 받을 수 있다.

이직의 마지막 관문, 연봉 협상

헤드헌터로 일할 때 가장 허탈했던 순간은 연봉 협상이 결렬되어 프로젝트가 원점으로 돌아갈 때였다. 그동안 쏟아부었던 시간과 노력이 한순간에 물거품이 되는 것이니 왜 안 그렇겠는가. 한 푼이라도 더 받으려는 지원자와 한 푼이라도 덜 주려는 회사가 평행선을 달리다 결국 한쪽이 포기하면 이런 일이 생긴다.

사람은 누구나 돈과 관련된 이슈에서는 본능을 드러낸다. 연봉 협상은 아주 민감한 이슈인 만큼 치밀한 협상 전략이 필요하다. 이 직의 마지막 관문인 연봉 협상을 성공적으로 마치려면 어떤 점을 주의해야 할까?

최종 면접을 통과하면 지원자는 인사팀으로부터 합격 통지를 받는다. 그리고 인사팀은 지원자에게 연봉 협상을 위한 증빙 서류 제출을 요청한다. 증빙 서류는 보통 〈근로소득원천징수영수증〉과 지난 3개월 〈급여내역서〉다. 이 두 가지 서류를 참고하면 작년 소득을 확인하고 올해 소득을 예측할 수 있다. 하지만 이것만으로는 부족하다. 부가급여(fringe benefit) 내역을 추가로 제출하는 것이 좋다. 부가급여란 근로자가 고용주로부터 받는 편익 가운데 금전적인 보상을 제외한 것이다. 사택이나 차량 제공, 학자금 보조, 주택 저리융자 같은 것일 수도 있고 식대, 일비, 통신료, 유류대, 건강검진비, 자기계발비, 주차비, 명절 선물, 우리사주 등도 포함된다. 요즘은 복지 제도가 잘되어 있는 회사가 많아서, 부가급여를 현금으로 환산하면 상당한 액수에 이르는 경우가 많다. 그러니 연봉 협상에 어필할 만한 모든 혜택을 정리해 제출하길 권한다.

또한 인사팀은 희망 연봉을 알려 달라고 요청한다. 이때는 인사팀에서 납득할 수 있는 근거를 갖춰 제출해야 한다. 예를 들면 '재직 회사의 연간 평균 연봉 인상률이 5% 정도이고 내년 초에 과장으로 승진할 예정이다. 또한 올해 실적을 감안하면 15% 정도의 인센티브를 수령할 수 있을 것 같다. 그러므로 이런 사실을 고려해 현재 연봉의 약 20% 인상을 원한다'라고 해야 한다. 엄청나게 연봉을 인상했다는 출처 모를 남들 이야기에 솔깃해서 과도한 금액을 부르거나 초반에 무조건 많이 부르고 나중에 깎아 주면 된다는 생각은 비현실적이며 어리석은 짓이다.

증빙 서류와 희망 연봉 액수를 제출하면 인사팀에서 이를 참고하고 자사의 연봉 기준 등을 고려해 지원자에게 1차 연봉 액수를 제안한다. 금액이 만족스럽지 않거나 내용이 이해되지 않는 경우라면 세부 항목을 조목조목 질문한다. 그리고 답변을 참고해 자신이 원하는 연봉을 다시 한 번 제시한다.

이렇게 서로의 의견이 오가면서 최종 연봉이 결정된다. 만약 헤드헌터를 통해 지원했다면 연봉 협상에서는 슬쩍 빠지는 것이 좋다. 헤드헌터가 미들맨 역할을 하면서 인사팀과 지원자 사이를 중재하는 것이 더 나은 결과를 만들어 내는 경우가 많기 때문이다. 하지만 대부분의 경우 제시된 연봉이 그리 만족스럽지 않을 수 있다. 다음과 같은 경우가 특히 그렇다.

첫째, 대부분의 회사는 자사의 연봉 가이드라인을 가지고 있다. 직급이나 연차에 따라 제공할 수 있는 연봉이 정해져 있다는 뜻이다. 지원자가 현 시점에 회사에 반드시 필요한 인재가 아니라면 그

가이드라인을 벗어나는 경우는 많지 않다. 그러니 연봉 협상 전에 지원하는 회사의 대략적인 연봉 수준을 알아 두면 처음 기대치를 설정하는 데 도움이 된다.

둘째, 퇴사자는 연봉 인상이 쉽지 않다. 연애나 결혼과 마찬가지로 잡아 놓은 물고기에게는 먹이를 주지 않는 법이다. 현직에 있는 사람이라면 지금 받는 연봉보다 더 주고 데려올 용의가 있지만, 쉬고 있는 지원자에게는 그렇지 않다. 퇴사자라면 연봉 협상에서 다소 불리한 위치에 있다고 해도 과언이 아니다.

연봉은 이직에 매우 중요한 요소임에 틀림없다. 하지만 이직을 결정하는 전부는 아니다. 연봉 협상에 어려움을 겪고 있다면 자신의 이직 사유를 다시 생각해 볼 필요가 있다. 필자가 만난 어떤 지원자는 이직하면서 연봉이 만족스럽지 않았다. 하지만 연봉 이외에 제공되는 혜택이 매력적이라 입사를 결정했다. 그녀는 자기계발 욕구가 강한 사람이었는데 회사에서 정기적인 해외 연수와 교육 기회를 제공하겠다고 약속했기 때문이다.

모든 일이 그렇지만 연봉도 자기 하기 나름이다. 입사 후 탁월한 성과를 만들어 낸다면 연봉은 더 오른다. 초반에 설정한 이직의 목적에 부합하는 자리라면 연봉에만 집착하지 말고 전략적인 결정을 내리자.

새 직장에 소프트랜딩 하는 5가지 Tip

이직을 위해 길고 지루한 여러 관문을 지나온 당신! 돌아보니 어떻게 그렇게 많은 시험을 헤쳐 왔는지 아득하기만 하다. 이제 새 마음 새 출발만 남았다고 생각하자. 새로운 직장에 소프트랜딩 하기 위해서는 어떤 것들을 짚어 봐야 할까? 새 직장 소프트랜딩을 위한 5가지 팁을 정리했다.

Tip 1. 시간이 해결해 준다

이직을 하면 새로운 환경에 적응해야 한다. 함께 일하는 사람들이 바뀌고 일을 처리하는 방식도 달라졌다. 전반적인 기업문화나 근무 분위기도 다를 수 있다.

이러한 낯선 환경과 요소들은 스트레스다. 보통 새로운 직장에 적응하는 데는 최소 6개월 정도가 걸린다. 하지만 사람이나 상황에 따라 더 걸릴 수도 있다. 적응 기간이 짧더라도 스트레스 강도가 심할 수도 있다. 새 직장에서 스트레스를 받는 것은 어찌 보면 낯선 환경에 적응하기 위해 당연한 일이다. 대부분의 사람이 그러니 너무 조급하게 생각하지 말자. 시간이 지나면 많은 것이 자연스럽게 해결된다.

236

Tip 2. 전 직장과 결별하자

이직을 했음에도 불구하고 심정적으로 전 직장에 머물러 있는 이들이 있다. 말끝마다 '내가 전에 다니던 회사는 안 그랬다'라는 말로 점수를 잃는 사람이다. 새 직장에 빨리 적응하길 원한다면 전 직장과 결별해야 한다. 새로운 연애를 하면서 전에 만나던 사람 이야기를 할 필요는 없지 않은가.

큰 회사에서 일하다 작은 회사로 이직한 사람들은 박탈감을 느끼는 경우가 많다. 근무 환경뿐 아니라 복지 제도나 각종 지원이 열악해지는 경우가 대부분이기 때문이다. 작은 회사에서 큰 회사로 이동한 경우에도 그럴 수 있다. 작은 회사는 직원들 간에 결속력이 강하고 신속한 의사결정이 가능해 자신이 회사에 기여하는 바를 가시적으로 확인할 수 있다는 장점이 있다. 큰 회사는 관료적이고 정치적일 가능성이 높다. 그러니 과거는 아름다운 추억으로 간직하자.

Tip 3. 업무에 집중하자

신입사원이 아닌 이상 이직 후 최대한 빠른 시간에 업무에 적응하고 성과를 내야 한다. 경력사원에게 적응 시간을 오래 주는 회사는 거의 없다. 따라서 이직 후 가장 먼저, 제일 신경을 써서 해야 할 일은 업무에 집중하는 것이다.

새 직장의 업무 처리 프로세스를 익히고 전임자가 했던 업무를 최대한 빨리 습득하여 처리할 수 있도록 노력하자. 또한 회사에서 새로운 프로젝트가 시작된다면 적극적으로 자원하자. 입사한 지 얼마 되지 않은 사람이 기꺼이 새로운 일에 지원한다면 누구나 반긴다. 회사에서 인정받고 싶다면 '믿고 일을 맡길 수 있는 사람'이 되면 된다. 그런 사람으로 최대한 빨리 변신하기 위해 무엇을 해야 할지 진지하게 생각하자.

Tip 4. 도움을 요청하자

대부분의 회사는 새로 합류한 직원들이 빨리 안정적으로 조직에 적응하는 방법을 두고 고심한다. 많은 비용을 들여 채용한 직원이 퇴사한다면 손실이 크기 때문이다.

이 시대 최고의 인재들이 모여 일한다는 구글은 신입직원이 회사에 빨리 적응하는 것을 돕기 위한 프로그램을 운영한다. 관리자는 신입직원의 역할과 책임을 구체적으로 논의하고 공개적으로 대화하며 6개월 동안 월 1회 양식화된 점검표로 적응 점검을 한다. 새로운 직장에 적응하기 어렵다면 적극적으로 도움을 요청하자. 회사에서 운영하는 프로그램을 활용하는 것도 좋고, 직속 상사나 팀 내 선임에게 고민을 털어놓는 것도 좋다. 혼자 고민하고 끙끙 앓다가 퇴사하는 것보다 훨씬 나은 선택이다.

Tip 5. 인맥을 만들자

사람은 항상 중요하다. 회사의 상황을 빨리 파악하고 정보를 습득하기 위한 수단으로 사람만 한 것이 없다. 일단 팀에서 가장 편안한 사람을 정하자. 무엇이든 부탁해도 거절하지 않을 것 같고, 마음씨 좋고, 친절한 사람이 한 명씩 있다. 그런 사람에게 다가가 점심을 사고 싶다고 말하자. 그리고 진솔한 대화를 나누자. '내가 이러이러해 이 회사에 입사했는데 잘 지내고 싶다. 도와 달라'라고 진심으로 부탁한다. 상대가 밥까지 사면서 마음을 열고 다가오는데 외면할 사람은 많지 않다.

다음으로 사내 동호회를 찾자. 대부분의 회사에는 이런저런 동호회가 있다. 그리고 항상 신입 회원에 목말라 있다. 자신의 관심사와 가장 근접한 동호회를 골라 들어가자. 타 부서 인맥까지 만들 수 있는 좋은 기회다. 이런 인맥들이 일을 할 때 의외의 성과를 만들어 내기도 한다.

조금 더 욕심을 낸다면 롤모델이나 멘토를 찾아보자. 배울 만한 점이 있는 사람과 일하는 것은 엄청난 동기부여 방법이 된다.

*　　*　　*

가끔 이직 후 잘못된 선택을 한 것 같다며 커리어 코치를 찾아오는 직장인들이 있다. 어떤 이들은 전 직장으로 돌아가고 싶다는 말을 하기도 한다. 그런 경우 필자는 '조금 더 버텨 보라'라고 조언한다. 어렵게 결정한 이직인데 잠시 괴롭다고 포기하는 것은 안타까운 일이다. 당장은 힘들지만 나중에 돌이켜보면 아무것도 아닌 일도 많기 때문이다.

조금 더 인내해야 할 또 다른 이유가 있다. 근무 기간이 너무 짧으면 이력서의 품위가 떨어진다. 당사자는 피치 못할 사정으로 빨리 그만둘 수밖에 없었겠지만, 면접관 입장에서는 조금만 힘들어도 금방 포기하고 떠날 사람으로 해석될 수 있다. 그러니 신중하자. 잘 적응하기 위한 노력을 충분히 기울인 후 결정해도 늦지 않으니 잘 버텨 보자.

대한민국 직장인들의 건투를 빌며!